디지털성범죄는

살아있지만 죽어있는

'살인'이다

강나경

추천의 글 1

'디지털 성범죄는 살아있지만 죽어있는 '살인'이다'
기자 영혼을 때리는 죽비같은 책

20년 가깝게 기자 생활을 하다 보니 뭔가 거창한 취재로 세상을 바꾸고 싶다는 욕심은 버린 지가 오래입니다. 취재를 하면 할수록 세상의 벽을 느낄 때가 많기 때문입니다. '내 기사로 뭐가 얼마나 바뀌겠어' 하는 무력감에 서서히 젖어드는 과정이 바로 진정한 기자로 거듭나는 건가 싶을 때도 있습니다.

특히, 현장에서 성범죄 사건을 취재할 때마다 무력감이 든 적이 많습니다. '피해자다움'을 강요하는 시각은 과거에 비해 줄었지만, 여전히 성범죄 기사는 단순 사건사고로 소비되는 경향이 있어섭니다. 하지만, 현장에서 직접 피해자들을 만나보면 감정을 최대한 걷어내고 기사를 쓸 때마다 죄책감이 들 정도입니다.

그들은 절규하고 있습니다. 애원하고 있습니다. 너무 억울하다고, 너무 힘들다고, 너무 두렵다고. 그런데도 기사에 담기는 피해자의 목소리는 고작 한두 줄입니다. 수습 시절부터 배운대로 누구에게도 공명정대하게 피해자 측의 주장으로 담백하게 재가공돼서 말입니다.

그런 저에게 한 권의 책이 영혼을 때리는 죽비처럼 찾아들었습니다. '디지털 성범죄는 살아있지만 죽어있는 살인이다.' 관심과 분노로 세상을 과연 바꿀 수 있을까, 어느 틈엔가 소명 의식은 사라지고 월급쟁이처럼 변한 제게는 꽤나 묵직한 성찰의 주제를 던졌습니다.

방송통신위원회와 방송통신심의위원회, 영상물 등급위원회 등 방송통신 관련 주요 기관을 두루 거친 미디어 전문가인 저자는 디지털 성폭력의 기원부터 현 범죄 양태, 제도적 개선책까지 책 한권에 담아냈습니다. 첫 장 조선시대부터 시작된 이른바 '엿보기' 풍습과 디지털 성폭력을 연결시키며 관음증에서 비롯된 음험한 행위가 엄연한 성범죄로 인식되기까지 지난한 시간을 되짚었습니다.

특히, 이 책은 'N번방사건'을 통해 그저 단순한 사건사고로 치부될 수 있었던 신종 성범죄가 세상의 분노와 관심을 이끌어내 결국 'N번방법' 마련 등 제도 변화까지 끌어냈던 과정을 치밀하게 추적했습니다. 그리고 이후 텔레그램을 통한 성범죄자 '엘'의 등장을 꼬집으며 'N번방법'의 한계까지 지적했습니다. 딥페이크 등 신종 기술에 따른 제도적 미비 상황도 저자의 꼼꼼한 시야를 벗어나지 못했습니다.

방대한 자료 수집과 체계적인 정리는 그야말로 '디지털성범죄'의 교과서로 불릴 만합니다. 그럼에도 마냥 교과서처럼 지루하게 읽히지 않는 건 저자의 따뜻한 관심과 뜨거운 분노 덕으로 느껴졌습니다. 제가 취재 현장에서 마주했던 그 수많은 피해자들의 절규와 애원을 저자는 외면하지 않고 이 한 권의 책에 담아냈습니다.

KBS정치부 기자 고은희

추천의 글 2

**무간지옥과도 같은 현실에서 피해자에 대한 지속적인 관심의 표현,
디지털성범죄는 살아있지만 죽어있는 '살인'이다**

SNS 덕분에 관심과 부러움이 넘실대는 가상의 인간관계가 일상이 되어버린 지 오래입니다. 애정 어린 관심도 적지 않지만 의도를 드러내지 않은 어둡고 불량한 관심 또한 넘쳐나고 소비되는 요즈음입니다.

그런데 이러한 관심은 어제 오늘의 일이 아닌 모양입니다. 저자는 우리의 역사를 거슬러 올라가 사람들의 관심이 어떤 형태를 띠었고, 지금의 가상현실에서는 어떻게 진화하였는지를 꼼꼼하고 친절하게 다루고 있습니다.

저자는 디지털 세상에서 소비되는 관심이 어떻게 성착취에 이르는지를 여러 사례들을 통해 명확하게 보여주며 경각심을 일깨우고 있습니다. 어쩌면 그것은 관심이 아니라고 해야 합니다. 저자는 소비하는 가짜 관심이 아닌, 부조리한 현실에 대해 애정과 분노를 담은 진정한 관심을 촉구합니다. 그것이야말로 우리 모두의 관심이 되어야 한다고 끈질기게 요구하고 있습니다.

해당 분야에서 활발한 활동을 한 저자의 오랜 고민과 열정이 느껴지는 글들을 보면서 강단 있는 그의 비범함은 평소 사람에 대한 변함없는 관심과 자신의 분야에 대한 열정에서 비롯한 것이었음을 알게 됩니다. 저자의 소중한 생각들이 많은 이들과 함께할 수 있는 기회가 되기를 독자의 한 사람으로서 바라봅니다.

법무법인 KNC 변호사 이동형

서문

'우리 사회는 안전한가?'

국민 대다수는 '아니다'라고 말 할 것이다.

외국인은 한국의 '빨리빨리'라는 단어가 익숙하고 그 빨리빨리 단어는 대한민국을 초고속으로 성장시켰다. 그리고 우리는 그 '빨리빨리'를 '한국인의 부지런함'으로 표현했었다.

그러나 빠르게 이뤄 낸 눈부신 경제성장은 보이지 않는 곳에서부터 문제가 발생하기 시작했다. 가난을 벗어나기 위해 열심히 돈을 벌어야 했던 대한한국은 '안전'보다 '경제성장'을 우선으로 했고 그 선택은 '안전불감증'을 키워 왔기 때문이다.

경제 성장의 빠른 속도만큼 부실했던 시스템(인적, 물적), 일등만 살아남는 과도한 경쟁, 성장위주의 기업가치, 그리고 철저한 이익 중심적 사고, 그로 인해 소외되어 버린 존엄성.

우리는 이런 사회적 가치로 인해 현재까지 수많은 인명피해와 사회적 갈등을 겪고 있다. 굳이 그 아픔들을 하나씩 나열하지 않아도 우리는 가슴 깊이 그날의 슬픔들을 알고 있다. 그러나 이런 외형적인 사건의 아픔 외에 보이지 않는 존엄성 상실의 범죄들 역시 날로 증가하고 있다. 그리고 그것이 현재 치명적인 우리 사회의 문제로 대두하였고 그로 인한 갈등이 커져가고 있다.

대한민국의 급속한 경제성장의 중심에 자리 잡은 IT산업.

IT강국의 막강한 파워는 디지털 시대의 파급력을 키웠고, 디지털성범죄의 규모는 어느 나라와도 비교되지 못할 만큼 크다.

한국의 디지털성범죄는 인터넷 속도의 변화만큼 빠르고 치밀하며 조직적으로 커나갔다.

물론 그 속도가 빠를 수 있었던 것은 여전히 만연한 차별과 불평등 그로 인한 여성의 성착취가 익숙한 한국 사회의 여러 가지 문제가 존재하고 있기 때문이기도 하다.

강간을 모의하고 개인들이 불법촬영한 촬영물이나 비동의촬영물을 공유한 인터넷사이트 '소라넷, 개인들이 촬영해서 올린 불법성착취, 비동의촬영물을 다운 받게 만든 '양진호웹하드카르텔', 그리고 불법성착취물과 비동의촬영물, 피해자를 통해 제작된 불법성착취물을 배포한 다크웹, 한 명의 피해자를 통해 다수의 불법성착취영상을 제작하고 생중계를 통해 불법성착취를 중계한 텔레그램 'N번방', 심리적으로 불안한 미성년자를 그루밍하여 성폭력과 불법성착취물을 제작한 커뮤니티 '디시인사이드 우울증갤러리', 불법촬영물에 전 세계 누구의 얼굴도 붙일 수 있는 딥페이크.

디지털 성착취는 이렇게 성장하고 변화해왔다. 범죄의 형태도 다르고 방식도 다르지만 피해자들의 삶이 무너지는 것은 똑같았다.

범죄자들은 피해자들이 죽어가는 삶을 밟고 엄청난 부를 거머쥐었지만 현재 우리 법으로는 죗값은 물론 그 범죄수익마저도 온전히 환수 받지 못하고 있다.

N번방의 조주빈이 디지털 성착취 범죄자로서 가장 높은 형량인 42년을 받았고 그 일당들이 30여 년을 받았지만 그 외 디지털 성착취 범죄자들은 허망하다싶을 만큼의 짧은 기간의 형량으로 끝났다.

N번방의 조주빈 일당이 유난히 긴 형량을 받은 이유는 하나이다. 우리 사회가 관심을 가지고 분노했고 언론 역시 사회의 분노에 동참했기 때문이다.

그러나 여전히 우리 사회에 제2의 소라넷, 제2의 N번방, 제2의 우울증갤러리 등이 존재하고 확산되고 있다. 음습한 곳에서 수많은 새끼를 번식하는 바퀴벌레처럼.

법은 범죄를 뛰어넘지 못한다. 늘 새롭게 변화하는 범죄의 형태를 법은 예측할 수 없기 때문이다.

우리나라에서 '첫 불법촬영사건'으로 일컬어지는 그레이스백화점 여성화장실 CCTV사건은 1997년7월14일에 동아일보를 통해 처음으로 기사화되었고 7월 15일에 다른 신문사들도 관련 기사를 싣기 시작했다.

이 그레이스 여성화장실 CCTV사건은 법조계를 당황하게 만들었다. 보수적인 법조계에서 처벌할 근거가 없는 사건이 발생하니 이런 사태를 예측하지 못한 법의 허점을 인정할 수밖에 없었기 때문이다. 그러나 정작 CCTV설치업자들은 불법CCTV설치는 이미 오래 전부터 강남유흥업소 여성화장실, 모텔, 호텔, 공공화장실, 사무실 등에 1만여 개의 CCTV가 설치되어 있다고 말했다. 특히 바늘구멍만 있으면 설치 가능한 고가의 일본 카메라는 아무리 비싸도 없어서 못팔았다고 하니 그레이스 백화점 사건을 통해 그때라도 알게 된 것을 감사하게 생각해야할 상황이 된 것이다.

이렇듯 범죄는 상상을 초월하지만 법은 현실 안에 있으니 법이 범죄를 따라갈 수밖에 없는 것이다. 그러나 그럼에도 불구하고 우리는 그 범죄를 잡을 수 있는 힘이 있다.

그 힘은 바로 우리들의 관심과 범죄행위에 대한 강한 분노이다.

관심과 분노가 세상을 바꿀 수 있다는 것을 보여주는 사례가 바로 조주빈의 N번방사건이었다. 조주빈의 N번방사건은 많은 것을 변화시켰다. 재판부를 바꿔버렸고, 디지털 성착취 범죄자에서 범죄단체구성을 적용시켜 가장 긴 형량을 내리게 만들었다. 그리고 관련법들을 가장 짧은 시간에 개정하도록 만들었다. 빠르게 이뤄낸 그 힘은 바로 최대라고 지칭되는 국민청원 41만여 명에게서 나온 것이다. 즉 법은 범죄보다 더디지만 우리들의 관심과 분노는 그 범죄를 잡을 수 있다는 것을 보여 준 것이다.

'디지털성범죄' 피해자 90% 이상이 여성이다. 즉 디지털성범죄의 주타깃은 여성이라는 의미이다. 우리나라에서 유난히 디지털성범죄 발생률이 높은 것은 우리 사회에 만연한 차별과 불평등, 그리고 여성범죄에 대한 정부의 분석 부재, 디지털성범죄의 주 대상인 가해자와 피해자의 주 연령층인 10－20대에 대한 범죄행위의 위험성에 대한 인식부족 등 주요인이다.

일정 性별에 범죄가 집중이 된다면 왜 그 性별에 범죄가 발생하는지 분석하는 것이 정부가 가져야 할 일이다. 그러나 현재 그런 정부의 노력이 크지 않아 아쉬움을 느끼는 국민들이 많다.

디지털성폭력을 포함한 무차별적으로 행해지는 여성 상대 범죄는 여성을 물리적으로, 정신적으로 지배가 가능하다고 생각하는 남자들의 부족한 젠더의식에서 시작되는 것이다.

그러나 디지털성범죄는 그 어떤 범죄보다도 남녀협조와 국제공조(국제수사공조)가 필요한 범죄이다.

많은 가해자들이 남성이기 때문에 남성을 잠재적 범죄자로 낙인찍는 일은 안된다. 디지털 성착취범죄에 대해 문제의식을 느끼는 많은 남성들과 함께 이 문제를 해결해 나가야 한다는 것이 필자의 생각이다.

대학생 카톡방에서 여성을 희롱하고 성적대상화하는 대화를 나누는 것이 옳지 않다고 판단한 남학생의 신고로 성희롱 카톡방이 드러났고, 비정상적인 소라넷의 실체를 필자에게 알린 남성을 통해 소라넷의 실체을 알게 되기도 했다. 성착취범죄자 그리고 공범들, 가입자가 100만 명이, 500만 명 등 많은 공범들이 회원이라는 이름으로 그들만의 세상을 만들었지만 그 외의 남성들까지 공범으로 밀어내면 안된다는 생각이다. 이런 디지털 성착취들이 이루어질 때 그것이 범죄이고 불법행위임을 알려야 하고 어디에서 그런 불법적인 행위가 이루어지고 있는지 끊임없는 '내부 고발'이 이루어질 때 디지털성범죄는 비로소 줄어 들 수 있다고 보여지기 때문이다.

실제 N번방 사건은 41만여 명은 남녀가 함께 N번방 범죄자들에게 강력한 처벌을 원했었다. 이 현상만 보아도 디지털성범죄에 대한 문제인식은 특정한 性별만의 문제인식이 아니라는 흐름을 보여 준다고 생각한다.

이렇듯 디지털 불법성착취범죄는 남녀공조 그리고 국제공조수사를 통해 강력한 힘을 발휘할 수 있다.

우리 사회는 피해자 보호를 위해 더 안전하고 강력한 법과 제도를 마련해 나가야 한다. 혼자라는 생각 안에서 벼랑 끝에선 피해자들이 더 이상 추락하지 않길 바라며 피해자들이 일어설 수 있도록 우리 사회가 그 손을 잡아주길 바라는 마음으로 이 책을 쓰고자 했다.

2023.10.

강나경

목 차

01
엿보기가 익숙한 대한민국

02
디지털 성폭력의 발전

03
디지털성범죄 대응 조치

04
누구의 관심과 분노의 시선

01

엿보기가 익숙한 대한민국

엿보기는 풍습인가, 관음증인가

풍습으로 인식되었던 엿보기

우리나라는 오래 전 엿보기를 풍습 또는 혼례의식으로 생각했던 시절이 있었다. 그것은 '신방 엿보기', '신방 지키기'로 지칭되었다.

신방엿보기란 혼인 첫날밤에 신랑과 신부를 보기 위해 친척이나 이웃들이 신방의 창호지를 뚫고 몰래 엿보는 혼례의식이라고 한다.[1] 그러나 그 시절 신방을 지키던 풍속은 시대가 바뀌어도 남의 침실이나 다른 공간에서 이루어지는 사적인 행동을 엿보는 행위는 이어져 오고 있었다.

사실 신방 엿보기는 조혼에 의해 생겨난 혼례풍습이라고 많은 학자들이 예측하고 있다.

조혼은 조선시대 외세의 침입으로 인한 잦은 전쟁과 침략으로 국민들이 많은 고통에 시달려야 했었던 시기이다. 남성들은 전쟁으로 인해 결혼 적령기에 전쟁터로 나가야 했고 그로 인한 사망으로 결혼적령기 남성들이 보기 어려워졌다. 그리고 여성들은 원나라와 명나라에 어린 미성년자(13 – 16세)를 공물로 받치는 '공녀'로 보내지면서 어린 여성들은 '공녀'로 가는 것을 피하기 위한 수단으로 일찍 결혼하는 조혼이 성행했다. 이런 시대적 상황이 열 살도 되지 않은 어린 꼬마신랑과 14살 – 15살쯤의 연상이지만 여전히 어린 신부가 결혼하는 '조혼' 풍습을 만들어낸 것이다. 물론 신방 엿보기의 유래에 대한 「한국구비문학대계」 설화와 임석재의 「한국구전설화」 등을 통해 구전된 설화가 있지만 책에 그 내용을 실지 않도록 하겠다.

즉 국내외적인 복합적인 요인으로 조혼이 결혼풍습으로 자리 잡으며 '신방 지키기' 혼례의식은 20세기 초까지 이어져왔다. 그러나 '조혼'이 사라진 이후에도 엿보기가 이어져 올 수 있었던 것은 암묵적으로 '엿보기'를 '재미있는 풍습'으로 미화시켜 허용해 온 우리 사회의 침묵이 있었기 때문이다.

---

1 <한국민속대관>, 고려대학교 민족문화연구소, 1980

그리고 이런 사회상은 예술로 표현되기도 했다.

조선시대 유명한 화가 신윤복과 김홍도의 그림에서도 훔쳐보기는 예술로 표현되었다.

먼저 신윤복과 김홍도의 작품에 대해 비난하려는 의도는 아니며 당시 예술로 표현된 엿보기에 대한 우리 사회의 허용을 언급하고자 한 것이니 오해 없길 바란다.

조선후기 화가 신윤복[2] 그림 중에서 '단호풍정'은 그네를 타고 나무 그늘에서 쉬고 있는 아낙들과 개울가에서 가슴을 드러내고 머리를 감고 세수를 하는 아낙들의 모습이 잘 표현되어 있다. 그리고 바윗돌 뒤에 숨어 상체를 드러내 씻고 있

---

2 조선후기 관료이자 화가로 화원 집안에서 태어났으며 풍속화를 통해 조선후기를 잘 표현해냈다는 평가를 받고 있다(한국의 역대인물정보시스템).

는 여성들을 음흉한 미소를 머금고 엿보고 있는 동자승의 모습을 볼 수 있다. 당시 서민여성들은 개울가에서 씻고 빨래하는 것이 생활이었다. 어쩌면 그 여성들은 늘 이런 엿보기의 대상이 되었을지도 모른다.

김홍도3 '빨래터' 역시 치마를 허벅지까지 올리고 쪼그려 앉아 빨래를 두드리거나 빨래를 짜고 있는 아낙들, 그리고 속옷을 보인 채 머리를 손질하고 있는 여성을 부채로 얼굴을 가린 채 몰래 훔쳐보는 양반의 모습을 그렸다.

두 작가는 조선시대를 대표하는 작가로 시대상을 그대로 반영하여 그림을 그리는 것으로 유명한 작가였다. 유교사상을 벗어나 자유로운 사상을 추구했던 신윤복은 엿보기 주체를 동자승으로 표현했고, 유교사상을 추구했던 김홍도는 엿보기 주체를 양반으로 표현했다. 두 작품에는 여성들의 집이나 탈의가 이루어지는 장소, 지하철이나 거리에서 여성들의 다리나 치마 속을 불법 촬영하는 이 시

---

3 조선후기 풍속화로 주목을 받은 화가(한국역대인물정보시스템)

대의 관음증 범죄의 형태와 유사한 모습들이 그대로 표현 되었다. 시대가 변화해도 엿보기 즉 관음증은 그대로 이어져 오고 있다는 역사를 보여주는 작품들이다.

또 다른 관점에서 생각해 보면, 두 천재 작가는 해학과 풍자로 당시 행해진 엿보기를 당연한 풍습이 아닌 당시 권력자들의 무례한 행위로 보았던 것은 아니었을까.

비단 이 그림이 아니더라도 우리는 다양한 매체를 통해 빨래터와 호숫가에서 목욕을 하는 여성들을 훔쳐보는 남성들의 모습을 흔히 보았고, 신혼 첫날밤의 모습을 보기 위해 구멍을 뚫으며 히히덕거리던 그 시대의 사람들의 모습을 보아왔다.

전래동화인 '선녀와 나뭇꾼' 역시 목욕하러 내려온 선녀를 훔쳐보던 나뭇꾼이 선녀의 옷을 훔치고 결국 자신의 아내로 삼는다는 내용이 동화의 한 편이기도 하다.

이렇듯 엿보기가 범죄로 인식되기까지 많은 시간이 걸렸다.

현대 사회에서 엿보기가 사회 문제로 대두된 사건은 1997년7월14일에 기사화 된 '그레이스백화점 여성화장실 카메라설치'였다. 이 사건으로 우리 사회는 '비밀카메라'라고 지칭되었던 불법촬영에 대해 문제의식을 키웠고 당시 어떠한 법적 조치도 할 수 없었던 그레이스백화점 여성화장실 카메라에 대해 법조계에서 관련법의 허점을 인정하는 사례로 남아 있다.

또한 사생활침해 행위의 재발을 막기 위해 처벌규정을 마련하기 위한 입법의 필요성과 여성의 신체를 몰래 도촬하는 행위 역시 규정을 마련해야 한다는 사회적 공감을 형성하는 계기가 되었다.

당시 비밀카메라는 강남 일대 유흥업소 여성화장실을 중심으로 사무실과 호텔, 모텔 등에 이미 많은 카메라들이 설치되었다는 CCTV 설치업자들의 증언들이 나오기 시작했다.

그리고 그렇게 촬영된 내용들은 구매자들에게 암암리에 팔려 나갔고 그것은 인터넷이 발달하면서 음란물사이트에 업로드 되는 범죄로 이어졌다.

신윤복의 '월야밀회'의 경우 조선시대 통 틀어 남녀를 가깝게 접촉시킨 그림이라고 평가하고 그 내밀한 남녀의 애정행위를 몰래 엿보고 있는 다른 여성을 표현했다.[4] 세 사람의 관계는 관련 학자들의 나름의 예측이 있으나 그림을 감상하는 관람객의 몫으로 남겨 두었다. 그러나 두 사람의 애정행각을 몰래 훔쳐보는 것은 엿보기 행위이다.

세 편의 풍속화는 조선시대를 대표하는 풍속화의 일부이다.

당시에는 당연시 여겨졌던 훔쳐보기가 현대 사회에 와서는 범죄가 된 것이다.

엿보기를 정신의학적인 전문용어로 관음증이라고 한다

우리 사회는 엿보기를 과거에는 재미와 풍습으로 여겼지만 현대 정신의학으로는 엿보기를 '관음증'이라고 표현한다.

---

4 강명관, <조선풍속사3>, "조선사람들 혜원의 그림 밖으로 걸어나오다", 푸른 역사, 2010, 69~83쪽

관음증은 다른 말로 절시증(Scopophilia)이라고도 한다.5 타인의 나체나 성행위, 음밀한 사생활을 보고자 하는 욕구를 가지고 있으며 보통 훔쳐보기를 하는 동안 성적인 만족감을 느끼는 것으로 현재는 병으로 진단하고 있으나 동시에 범죄행위이라는 사실도 인식해야 한다. 그리고 이런 관음증 행위를 타인에게 할 경우 범죄행위로 처벌 받는다는 사실을 인식해야 한다.

현재는 타인의 은밀한 일상을 훔쳐보는 행위는 경범죄 처벌법 제2조 43호(지속적 괴롭힘) "상대방의 명시적 의사에 반하여 지속적으로 접근을 시도하여 면회 또는 교제를 요구하거나 지켜보기, 따라다니기, 잠복하여 기다리기 등의 행위를 반복하여 하는 사람"으로 처벌 받지만 1회성이 아닌 그 이상의 반복 행위로 타인을 훔쳐볼 경우 스토킹처벌법에 의해 더 강력히 처벌된다.

엿보기에서 성장한 디지털성범죄

'엿보기'라는 단어는 시대가 변하면서 바뀌어 왔다.

'엿보기'는 '비밀카메라'라는 단어로 바뀌었고 이후 '몰래카메라'로 변화했으며 현재는 '불법촬영물'로 단어는 바뀌었다.

단어에서 알 수 있듯이 '엿보기', '비밀카메라', '몰래카메라'는 범죄행위를 표현하기보다 가해자 시선에 의한 비밀스러움과 장난스러움으로 가볍게 표현되었다. 특히 '몰래카메라'는 특정 연예프로그램에 의해 사람을 놀리는 장난스러운 단어로 인식되었다. 이에 몰래카메라는 불법적인 행위임에도 불구하고 가볍게 여겨진다는 사회적 공감으로 불법촬영물로 명칭을 변경하고 부르기 시작했다.

그리고 단어의 변화는 가해자 중심 단어에서 피해자의 중심이 단어로 바뀌는 것을 알 수 있다. 엿보기, 비밀카메라, 몰래카메라… 이 세 단어는 훔쳐보는 일반적인 단어로 표현이 되었지만 이후 불법촬영물이라는 단어로 표현이 바뀌면서 비로소 엿보기는 불법이 된 것이다.

단어의 변화는 범죄행위로 바뀌었고 그에 따라 법 개정을 이끌어 냈다.

5 다음백화사전

엿보기 관련 법안은 1997년 7월 신촌그레이스백화점 화장실 CCTV 사건을 기점으로 카메라 촬영에 의한 범죄에 대한 법안의 필요성을 인식했지만[6] 관련법이 만들어지기까지는 오랜 시간이 필요했다.[7]

당시 그레이스 백화점 여성화장실 CCTV에 대한 언론사들의 기사는 동아일보가 단연 눈에 띄었다. 먼저 한 가지 눈여겨 볼 것은 우리나라 디지털 성착취의 시초라고 볼 수 있는 '비디오를 보다' 사건과 같은 날 같은 지면에 사건화되었다. 암암리에 이루어지던 우리 사회의 디지털 성착취가 '1997년7월15일' 세상에 드러난 것이다.

그레이스 백화점 사건이 발생한 1997년7월14일부터 1997년16일까지 8개 일간지의 기사를 검색한 결과 다음과 같은 결과가 나왔다.

	국민	동아	문화	서울	세계	조선	중앙	한국
기사	1	5	2	0	1	0	2	2

동아일보는 그레이스 백화점 불법CCTV설치에 대한 기사를 매일 사회면에 '비디오를 보다' 사건과 비슷한 규모로 작성했고 다른 신문사에 비해 하루 먼저 14일에 단독취재로 사회1면에 실었다.

뿐만 아니라 선정적이던 '비디오를 보다' 사건보다 그레이스 백화점의 불법CCTV설치에 더 큰 문제제기를 했다.

그레이스 백화점 여성화장실 불법CCTV설치에 대한 시민사회의 움직임과, 법조계 의견 등을 기사화했고 CCTV가 우리 사회에 퍼져 사회문제로 대두되었음을 알렸다. 더 나아가 입법의 허점을 인정하는 법조계의 목소리를 기사화해 적극적으로 CCTV촬영의 불법성을 알리는데 노력했다.

한국일보 역시 사회1면에 두 기사를 모두 올리며 두 사건에 대한 경중을 두지 않았다. 그레이스 백화점 여성화장실 불법CCTV설치에 대한 기사를 게재하지 않

6 이병기, "몰래카메라, 경찰의 인권불감증", 동아일보, 1997.7.17., 기자의 눈
7 육성연, "잠복중이던경찰워터파크 몰카女는 직접 신고 왜", 헤럴드경제, 2015.8.26., 사회면

은 신문사는 8개 신문사 중 조선일보가 유일했다.

이후 2015년9월 '워터파크 몰카'라고 불리는 사건을 통해 유포자들은 정보통신망법 위반 혐의로 입건되었지만 당시 불법동영상을 구매하는 것만으로는 처벌이 어려워 법 개정이 시급했고 관련법은 2018년에 개정되었다.

당시 '워터파크 3곳과 야외수영장 1곳 등 4곳에서 여성 샤워실 내부를 촬영하라는 지시를 받고 200여 명의 여성을 촬영하여 남성에게 전달했다.[8] 그리고 대가로 200여만 원의 비용을 받은 것으로 알려져 있다.[9]

성폭력범죄의 처벌 등에 관한 특례법 [시행 2016. 12. 20.] [법률 제14412호, 2016. 12. 20., 일부개정]	성폭력범죄의 처벌 등에 관한 특례법 [시행 2017. 12. 12.] [법률 제15156호, 2017. 12. 12., 일부개정]
제12조(성적 목적을 위한 공공장소 침입행위) 자기의 성적 욕망을 만족시킬 목적으로 「공중화장실 등에 관한 법률」 제2조제1호부터 제5호까지에 따른 공중화장실 등 및 「공중위생관리법」 제2조제1항제3호에 따른 목욕장업의 목욕장 등 대통령령으로 정하는 공공장소에 침입하거나 같은 장소에서 퇴거의 요구를 받고 응하지 아니하는 사람은 1년 이하의 징역 또는 300만원 이하의 벌금에 처한다.	제12조(성적 목적을 위한 다중이용장소 침입행위) 자기의 성적 욕망을 만족시킬 목적으로 화장실, 목욕장·목욕실 또는 발한실(發汗室), 모유수유시설, 탈의실 등 불특정 다수가 이용하는 다중이용장소에 침입하거나 같은 장소에서 퇴거의 요구를 받고 응하지 아니하는 사람은 1년 이하의 징역 또는 300만원 이하의 벌금에 처한다.

이 사건 이후 성폭력범죄의 처벌 등에 관한 특례법은 성적 목적을 위한 공공장소 침입 행위 → 성적 목적을 위한 다중이용장소 침입행위로 그 개념을 바꾸면서 화장실과 목욕탕 등에 한정되어 있던 범위를 모유수유시설과 탈의실 등으로 불특정 다수가 이용하는 장소들을 포함하여 그 범위를 넓혔다.

그리고 2018년12월 성폭력범죄의 처벌 등에 관한 특례법 개정을 통해 카메

---

8 김예람, "워터파크 몰카 200여명 피해 여성들, 손해보상은", 국제뉴스, 2015.8.27., 사회면

9 육성연, "워터파크 몰카 지시男 호기심에 혼자 보려고...유포 부인", 헤럴드경제, 2015.8.28., 사회면

라를 이용한 불법촬영범죄에 대한 처벌 규정이 만들어졌다.

제14조(카메라 등을 이용한 촬영) ① 카메라나 그 밖에 이와 유사한 기능을 갖춘 기계장치를 이용하여 성적 욕망 또는 수치심을 유발 할 수 있는 사람의 신체를 촬영대상자의 의사에 반한 촬영자는 7년 이하의 징역 또는 5천만원 이하의 벌금에 처한다. <개정 2018.12.18., 2020.5.19.>
② 제1항에 따른 촬영물 또는 복제물(복제물의 복제불을 포함한다. 이하 이 조에서 같다)을 반포. 판매·임대·제공 또는 공공연하게 전시·상영(이하 "반포등"이라고 한다)한 자 또는 제1항의 촬영이 촬영 당시에는 촬영대상자의 의사에 반하지 아니한 경우(자신의 신체를 직접 촬영한 경우를 포함한다)에도 사후에 그 촬영물 도는 복제물을 촬영대상자의 의사에 반하여 반포 등을 한 자는 7년 이하의 징역 또는 5천만원 이하의 벌금에 처한다. <개정 2018.12.18., 2020.5.19.>
③ 영리를 목적으로 촬영대상자의 의사에 반하여 「정보통신망 이용촉진 및 정보보호 등에 관한 법률」 제2조 제1항 제1호의 정보통신망(이하 "정보통신망"이라 한다.)을 이용하여 제2항의 죄를 범한 자는 3년 이상의 유기징역에 처한다. <개정 2018.12.18., 2020.5.19.>

성폭력범죄의 처벌 등에 관한 특례법은 2010년4월15일 제정되었다.

제14조 1항은 동의되지 않은 영상물의 동의없는 촬영 및 유포(불법촬영물), 제14조 2, 3항은 동의된 영상의 동의없는 유포(리벤지포르노), 2020년 5월 19일 법개정으로 4, 5항이 신설되면서 1-3항은 가중처벌을 받게 됨.

02

디지털 성폭력의 발전

강간과 리벤지포르노를 상품화한 소라넷

소라넷은 1999년 개설되어 2003년부터 회원제 커뮤니티 사이트로 바뀌었고 서버를 외국의 여러 나라로 옮겨 다녀 경찰들과 오랜 술래잡기로 2016년이 되어서야 어렵게 폐쇄되었다.

리벤지포르노와, 불법촬영물과 집단 성행위 등이 매일 수 백 편씩 업로드되었고, 무엇보다 여성들을 성폭행하도록 남성들을 초대하여 강간 모의를 하고 강간을 인증하면서 성폭행을 인증샷쯤으로 만들어 버린 사이트이기도 했다.

소라넷이 제공한 불법촬영물과 리벤지포르노는 8만 건이 넘었고 등장인물은 연인, 아내, 아동청소년 등 가해자의 주변 인물들이 주피해자였다.

소라넷에 가입해서 동조한 회원 수는 100만 명 이상으로 추정되고 트위트 계정으로만 10만 명이 넘었을 정도였다. 소라넷이 있었을 당시 포털사이트에서 소라넷 검색이 가능하였고 이후 경찰과 관련부처가 적극적으로 사이트를 차단했다. 그러나 소라넷은 회원들에게 바뀐 사이트 주소를 알려주며 소라넷 운영을 16년여 동안 지속했다.

운영자는 6명이었고 처벌은 운영자 6명 중 2명만 징역4년으로 처벌되었고 나머지 4명은 외국 시민권자이거나 영주권보유로 한국에 들어오지 않아 사법처리가 되지 않았다.

당시 운영자는 사이트폐쇄에 대해 개인의 성적자기결정권을 침해한다고 반발하는 어이없는 일이 발생하기도 했다.

해당 죄명은 <아동청소년성보호에 관한 법률 불법음란물 제작배포>, <불법음란물유포방조>, <아동청소년성보호에 관한 법률 위반 및 방조혐의>, <정보통신망 이용촉진 및 정보보호 등에 관한 법률 위반>이었다.

소라넷은 디지털성범죄에 대해 우리 사회가 공론화 하도록 만들었다.

그리고 범죄수익환수에 대한 필요성을 인식시킨 사례이기도 하다. 실제 소라넷 운영에 따른 불법 수익금으로 판단하여 14억을 추징하도록 했으나 2심에서 패소되면서 추징금은 0원이었다.

당시 소라넷은 하루광고 수익 1억으로 추정되었다.

불법성매매, 불법 도박사이트, 성기구업체 등의 광고로 17년간 최소 500억 이상의 부당이득을 챙긴 것으로 파악되었고, 박철우 초대 서울중앙지검 범죄수익환수부장은 기소 없이는 추징보전을 시도하지 않던 관행을 깨고 2018년 '소라넷' 운영자의 부동산(1억4000여만 원 상당)을 기소 전 단계에서 추징보전[1] 했지만 추징액은 받아내지 못했다.

당시 재판부는 A씨는 사건에 적용되는 구 범죄수익 은닉의 규제 및 처벌 등에 관한 법률에서 규정하는 '중대범죄'의 범죄수익에는 A씨가 받는 혐의 중 정보통신망법(제74조 1항 2호)만 포함돼 있고 아동·청소년의 성보호에 관한 법률(제11조 3항, 제17조 1항)은 포함돼 있지 않아 정보통신망법 위반으로 생긴 돈인지 아동·청소년법 위반으로 생긴 돈인지를 전혀 구분할 수 없는 이상 전액을 몰수하거나 추징하는 것은 허용할 수 없다고 판결했다.

소라넷 폐쇄 이후 음란물 유통경로가 신생음란사이트와 인터넷방송, 개인방송, 웹하드 등으로 확대되어 음란물은 더 증가하였고 경로도 다양해졌다. 특히 딥웹(Deep Web)[2]으로 활동하면서 소라넷 이후 2배가량의 음란물이 더 유포되었다.

소라넷에 대한 언론의 관심은 언론사마다 차이가 있었다.

2020년 이후 언론자의 기사 건수가 많아진 것은 당시 N번방과 디지털 성착취 범죄에 대한 사회적 관심이 절정에 달해 있었던 시기이고 그에 맞게 많은 기사들이 쏟아지면서 디지털 성착취의 본격적인 시작이라고 할 수 있는 소라넷에 대한 소환으로 보여진다.

그러나 당시 소라넷에 대한 언론의 초점은 소라넷 운영진들의 학벌에 있었다.

---

1 윤경환·오지현, [전문검사가 된다] 박철우 부장검사 "철저한 범죄수익 환수 위해 독립몰수제 필요", 서울경제, 2019.5.22., 일반사회면
2 딥웹이란 구글이나 네이버 같은 포털사이트에서 검색되지 않는 페이지, 즉 경찰 단속을 피하지 쉽고 바뀌는 사이트주소는 운영진의 SNS계정으로 회원들에게 전달되므로 회원들의 이탈도 막을 수 있다.

소라넷	경향	동아	문화	세계	조선	중앙	한겨레	한국
2016년 이전	5	2	2	3			3	1
2016년	12	3	3	7			11	9
2017년	6	1	1	1			11	2
2018년	7	4	2	3	1		11	4
2019년			1	1	2		5	2
2020년 이후	19	3	1	7	4	5	17	10

헤드라인을 '소라넷, 운영자 명문대출신', '명문대 출신 부부 소라넷 운영자' 명문대를 강조하며 소라넷의 불법성보다 범죄자들의 학벌을 강조하였고, 이에 논점은 흐려졌다. 소라넷은 여성들의 디지털 감옥으로 표현되었었다. 8만 건이 넘는 불법촬영물들 속에서 두려움에 떨었던 피해자들보다 명문대출신 가해자에 관심이 유도 된 것이다.

비단 소라넷 사건이 아니더라도 우리 언론은 늘 명문대에 초점을 맞춘다. 학벌지상중의인 현실이 범죄자에게도 적용되는 것이다. 소라넷 운영자뿐만 아니라 불법성착취, 불법촬영물, 성폭력이나 성추행 관련 된 범죄자들 중 명문대나 의대생이라는 타이틀을 붙여 기사를 작성하는데 익숙하다. 그러나 이런 언론의 태도는 본질을 흐릴 수 있으며 명문대, 의대생이라는 것이 면죄부가 될 수 없으나 많은 재판에서 그들에게 면죄부가 되기도 했다. 특히 재판부는 사람의 신체를 다루는 의대생, 또는 명문대생에게는 더 관대했었다. 의대생이거나 명문대생이기에 사회적 손실이라고 표현으로 감형을 내린 재판부. 그러나 그런 범죄자로 인한 사회적 손실보다 그 범죄자로 인해 피해를 받은 적게는 수 십 명 많게는 수 백 명의 피해자들이 상처를 극복하지 못함으로써 발생하는 사회적 손실이 더 크다는 사실을 재판부는 명심했어야 했다.

그러나 긴 시간은 걸렸지만 2023년 중범죄 의료인 면허 취소법이 국회에서 통과되어서 강력범죄나 성폭력범죄 등 의료법 이외의 법률을 위반하고 금고 이상의 형을 선고 받으면 의사면허가 박탈되게 되었다. 늦었지만 환영할 일이다.

아동포르노의 성지 AV스눕

2013년에 개설된 인터넷 사이트로 아동·청소년 성착취여성이 주로 배포되었다.

23만개에 등장하는 아동과 청소년들이 등장한다면 23만 명의 피해 아동청소년이 존재한다는 것이다. 자신들이 피해 아동인지 인식하지 못했을 수도 있고 강제, 반강요 등 다양한 형태로 제작 되었을 아동·청소년 음란물에 대해 우리 사회는 그 수만큼 문제를 인식하지 못했다.

이 사이트에 가입해 동조한 회원수는 122만 명 이상으로 확인되었다. [3]

아동·청소년의 성보호에 관한 법률

[시행 2020. 6. 2.] [법률 제17338호, 2020. 6. 2., 일부개정]

【제정·개정이유】

[일부개정]

■ 개정이유

아동·청소년을 대상으로 하는 음란물은 그 자체로 아동·청소년에 대한 성착취 및 성학대를 의미하는 것임에도 불구하고, 막연히 아동·청소년을 '이용'하는 음란물의 의미로 가볍게 해석되는 경향이 있는바, '아동·청소년이용음란물'을 '아동·청소년성착취물'이라는 용어로 변경함으로써 아동청소년이용음란물이 '성착취·성학대'를 의미하는 것임을 명확히 하고,

아동·청소년성착취물 관련 범죄 규모와 형태가 갈수록 교묘해지고 있지만, 우리나라의 아동·청소년성착취물 관련 범죄에 대한 처벌이 지나치게 관대해 실효성이 떨어진다는 비판이 커지고 있는바, 아동·청소년성착취물 관련 범죄에 대한 처벌을 강화함으로써 경각심을 제고하는 한편, 아동·청소년성착취물 관련 범죄를 저지른 사람을 수사기관에 신고한 사람에 대하여 포상금을 지급할 수 있는 근거를 마련하는 등 현행 제도의 운영상 나타난 일부 미비점을 개선·보완하려는 것임.

---

3 전혜민, "검찰, n번방 전신 AV스눕 범죄수익 비트코인 122억에 매각", 여성신문, 2021.4.3., 사회면

■ **주요내용**

가. '아동·청소년이용음란물'을 '아동·청소년성착취물'로 그 용어를 변경함(제2조 제5호).

나. 아동·청소년에 대한 강간·강제추행 등의 죄를 범할 목적으로 예비 또는 음모한 사람은 3년 이하의 징역에 처하도록 함(제7조의2 신설).

다. 아동·청소년성착취물의 제작·배포 등에 관한 죄의 형량을 강화하고, 아동·청소년성착취물을 광고·소개하거나 구입·시청한 자에 대한 처벌 근거를 마련함(제11조).

라. 관련 규정에서 벌금형이 삭제됨에 따라 이를 조정함(제56조제1항).

마. 아동·청소년성착취물의 제작·배포 등에 관한 범죄를 저지른 사람을 신고한 사람에게 포상금을 지급할 수 있도록 함(제59조제1항).

<법제처 제공>

　　2014년 유료로 전환되었고 아동·청소년이 등장하는 불법성착취 영상이 업로드 되었고 배포되었다. 그리고 이 사이트 운영자는 23만 건의 불법성착취영상을 유포하고도 2017년에 검거되어 징역 1년6개월이 고작이었다.

　　죄명은 <아동청소년 성보호에 관한 법률 불법음란물배포혐의>로 체포되었고, 디지털성범죄 환수로는 처음으로 현금이 아닌 비트코인으로 환수되었다. 당시 1심은 비트코인의 전자파일형태여서 몰수 대상에서 빠졌지만 2심에서 검찰 추가 수사 이후 191비트코인(당시 시가 25억)을 몰수하였고 매각시 비트코인 총액은 122억이었다.

　　AV스눕은 기존 음란물 사이트와 달리 아동·청소년 불법촬영물이 주를 이뤘다. 그러나 회원 48명만이 기소되었고 9명이 실형, 39명은 가벼운 수준의 처벌이었다. 초범이고 자백했다는 이유로 또는 반성을 한다는 이유로 선고가 유예되기도 했다.

　　당시 문제는 재판부가 피해 여성들을 촬영한 불법촬영물을 몰수조치도 취하지 않아 2차 피해도 막지 못했다. 이 사건으로 인해 대법원 젠더법연구회 소속판사 13명은 '아동·청소년 이용 음란물 범죄에 대한 양형기준의 전면적인 재검토'

를 요청하는 글을 법원 내부망에 올리며 형량 강화의 필요성을 제기[4]하는 계기가
되었다.

　　AV스눕은 언론이 관심을 갖지 않았다.

AV스눕	경향	동아	문화	세계	조선	중앙	한겨레	한국
2018년			1					
2019년	1	3		1	1			

　　2년 동안 8개 신문사에서 7건의 기사나 논평, 칼럼이 전부였다. 가장 많은 기
사는 동아일보가 3건으로 나타났고, 중앙일보, 한겨레, 한국일보는 관련 기사를
게재하지 않았다.

　　그 이후 AV스눕과 같은 아동청소년 대상 불법성착취 사이트로 전 세계에서
논란이 되었던 웰컴투비디오 운영자 손정우 역시 AV스눕 운영자와 똑 같은 1년6
개월을 선고 받았다.

범죄수익은닉의 규제 및 처벌 등에 관한 법률

[시행 2019. 4. 23.] [법률 제16343호, 2019. 4. 23., 일부개정]

【제정 · 개정이유】

[일부개정]
■ 개정이유
부정한 이익을 얻기 위한 범죄 중 폐해가 심각한 죄를 중대범죄에 추가함으로써 이들
범죄에 대해 범죄수익의 은닉 · 가장(假裝) 및 수수 행위를 처벌하고 그 범죄수익도
몰수 · 추징할 수 있도록 하여, 철저한 범죄수익 박탈을 통해 범죄를 예방하고 범죄수
익의 범죄자금으로의 재투입을 차단함으로써 범죄의 재생산을 방지하려는 것임.

■ 주요내용
바. 아동 · 청소년을 이용하여 음란물을 제작 · 판매하는 등의 행위, 카메라 등을 이용

---

4 박성준, "n번방 전신 AV스눕 회원 122만명 중 형사처벌은 48명뿐", 동아일보, 2020.3.27., 사회면

하여 다른 사람의 신체를 의사에 반하여 촬영·반포하는 행위를 중대범죄에 추가
함(별표 제31호, 별표 제39호 신설).

웹하드 카르텔로 성장한 양진호 웹하드

양진호는 웹하드계의 최고봉으로 불렸다. 웹하드 운영에 있어 양진호의 사업
력은 막대한 재산을 만들어 낼 만큼 치밀했고 웹하드 카르텔이라는 말을 만들어
낼 만큼 거대사업으로 만들어냈다.

2018년 기준 웹하드에 불법성착취물 업로드 및 반복 업로드로 양진호가 운영
하는 위디스크에서 205만 1,985건, 파일노리에서 182만 8,224건으로 파악됐다.[5]

피해자는 388만 건에 등장하는 여성과 청소년들이며, 양진호가 운영하는 이
웹하드에 동조한 회원 수는 무려 500만 명 이상으로 알려져 있다.[6]

2개의 웹하드를 운영하며 웹하드 카르텔을 만들어 낸 양진호는 직원들을 통
해 불법성착취물을 업로드하도록 지시하였고 웹하드업체를 통해 유통을 하였다.
불법자료를 걸러내기 위해 필터링업체가 있지만 이미 필터링업체도 그 역할을
하지 못했으며 디지털장의업체까지 운영하며 피해자들에게 돈을 받고 삭제해주
는 척하며 다시 게재하는 수법으로 유통을 반복하였다.[7]

양진호가 웹하드를 통해 엄청난 부를 이룬 배경에는 새로운 음란물을 지속적
으로 업로드하는 것과 기존 음란물을 재유통시키는 것이었다. 심지어 디지털성
착취 피해자들의 죽음을 '유작'이라는 타이틀로 웹하드에 공급하기까지 했다.[8]

양진호는 새로운 음란물을 공급 받기 위해서는 헤비업로더들의 적극적인 참

---

5 강연주, "양진호, 음란물 388만건 유통…4년6개월간 350억 수익, 경향신문, 2022.12.22., 사회면
6 강연주, "양진호, 음란물 388만건 유통…4년6개월간 350억 수익, 경향신문, 2022.12.22., 사회면
7 박다해·이주빈·정환봉, "양진호 막장 돈벌이, 성폭력 여성 숨지면 유작마케팅까지", 한겨레, 2018.11.20., 사회면
8 박다해·이주빈·정환봉, "양진호 막장 돈벌이, 성폭력 여성 숨지면 유작마케팅까지", 한겨레, 2018.11.20., 사회면

여가 필요했고 이에 회원들에게 수수료를 지급하여 음란물업로드를 지속적으로 할 수 있도록 하였다.

회원 등급을 음란물을 업데이트하는 양을 기준으로 하였고 가장 많은 음란물을 업로드하는 순서대로 준회원 5%, 정회원 12.5%, 으뜸회원 15－18%으로 구분하여 수수료를 책정해 주었다.[9] 이런 회원제는 끊임없이 음란물이 유통되고 업로드 되는 기본 동력이었고 음란물의 재생산을 유도할 수 있었다. 이런 과정 속에 유통된 음란물 수는 대략 388만 건 이상으로 파악되었다.

회사 전체 수익의 70% 이상이 불법촬영물 배포와 유통을 통한 수익이었다. 음란물왕국이라고 불렸던 웹하드. 현재 양진호는 불법촬영물 관련 범죄외 다른 범죄로 구속되어 있는 상태에서도 한해 수백억의 수익을 얻고 있는 중이지만 71억여 원 정도만 몰수 보전한 상태이고[10] 1심에서 아동·청소년 성보호에 관한 법률 위반, 음란물불법유통 및 방조횡령으로 5년을 선고 받았다.[11]

양진호는 음란물 유통 외에도 여러 가지 범죄혐의로 현재 재판 중이다.

웹하드 카르텔에 대한 양진호에 대한 기사는 8개 신문사 120건으로 나타났다.

8개 신문사 중 양진호 웹하드에 관련한 기사를 지속적으로 취재하고 게재한 신문사는 경향신문으로 나타났다. 동아일보는 2019년7월30일, 한겨레는 2018년11월28일이 마지막 기사였다. 경향신문은 2019년 웹하드 방지 대책을 마련한 정부 기사[12]와 더불어 웹하드 운영으로 영업이익이 높았음을 기사화하고 다음 선고일을 기사화했다. 그리고 2023년1월12일 양진호의 선고 내용과 더불어 시민사회단체와 여성단체의 목소리도 전달했다.

그러나 양진호의 경우 기사가 불법성착취물 범죄에 대한 부분보다 회사내 직원들에게 행한 갑질과 폭력적인 성격에 더 포커스가 맞춰졌다.

---

9 임명수, "양진호, 음란물 업로더 등급 매겨 관리...부당 이득 70억, 한국일보, 2018.11.16., 사회면

10 김영석, "양진호 '음란물 유통' 범죄수익 71억 동결", 세계일보, 2018.11.29., 사회면

11 김태희, "웹하드 음란물 대량 불법유통...법원 양진호에 징역 5년 선고" 경향신문, 2023.1.12., 사회면

12 이혜인, "불법촬영물 24시간 안에 심의·삭제...직접 철퇴 든 정부", 경향신문, 2019.1.24., 사회면

양진호 웹하드	경향	동아	문화	세계	조선	중앙	한겨레	한국
2018년	20	11	5	15	6		18	14
2019년	4	3			3		1	2
2020년 이후	5			1			8	4

양진호 웹하드 사건에 대해 중앙일보만 유일하게 불법성착취사건에 대한 기사가 검색되지 않았다(관련키워드를 통한 기사 검색에서 검색되지 않음).

유승희 전의원은 2017년9월 불법촬영음란물을 필터링하는 데는 한계가 있고 웹하드업체의 자발적인 차단조치에 효과를 거두기 어렵다는 판단하여 불법영상물 피해신고 접수 시 즉시 삭제 차단해야 한다는 내용을 담은 '성폭력처벌특례법'을 발의했지만 처리되지 못했다.[13]

정보통신망 이용촉진 및 정보보호 등에 관한 법률

[시행 2019. 6. 25.] [법률 제16019호, 2018. 12. 24., 타법개정]

【제정 · 개정이유】

⊙ 법률 제16019호(2018.12.24.) 전기통신사업법 일부개정법률

[일부개정]
■ 개정이유
국외에서 이루어진 행위라도 국내 시장 또는 이용자에게 영향을 주는 경우 현행법을 적용하도록 규정하고, 부가통신사업자에 대한 실태조사를 통하여 그 현황을 파악하도록 하며, 부가통신사업자에게 자신의 정보통신망에서의 불법 촬영물에 대한 유통 방지 의무를 부여함.
또한 모든 기간통신사업의 허가제를 폐지하여 등록제로 완화하고, 기간 · 별정통신사업자 구분을 통합하여 기존 기간통신사업자를 대신할 새로운 규제기준을 마련하는 한편, 비통신사업자의 부수적인 서비스 제공은 기간통신사업 신고만으로도 가능하게

---

13 김재섭, "양진호법 국회서 1년 넘게 잠자고 있다", 한겨레, 2018.11.11., IT면

하도록 함.

아울러 법률에 통신장애가 발생한 경우 전기통신사업자가 그 손해를 배상해야 함을 명확히 규정하는 한편, 통신장애가 발생한 사실과 손해배상 기준·절차 등을 이용자에게 의무적으로 알리도록 하려는 것임.

■ **주요내용**

가. 국외에서 이루어진 행위라도 국내 시장 또는 이용자에게 영향을 주는 경우 현행법을 적용하도록 규정함(제2조의2 신설).

라. 부가통신사업자에게 불법촬영물의 유통방지 의무를 부여하고, 과학기술정보통신부장관이 부가통신사업자에 대한 현황 파악을 위하여 실태조사를 실시할 수 있는 근거를 마련함(제22조의5, 제34조의2 신설).

<법제처 제공>

생후 6개월 아이도 성착취한 손정우 웰컴투비디오

2019년은 세계 최대 아동 성착취물 사이트 웰컴투비디오는 다크웹을 통한 아동·청소년 성착취 누리집을 운영하며 유통·배포하였다. IP추적이 불가능한 다크웹은 불법성착취 유통에 또 다른 채널이다. 전 세계에서 손정우 웰컴투비디오에 대한 비난은 우리에게 범죄인 인도조약까지 이해하게 만들었다. 손정우사건은 전 세계 최대 아동성착취 사이트라는 것뿐만 아니라 미국 법무부가 9개의 혐의로 강제소환을 요청하면서 그게 더 큰 이슈로 작용했다.

웰컴투비디오에서 가장 어린 성착취 피해 아동이 생후 6개월 신생아부터 10세 여아의 성착취 영상물이 주를 이루고 있었다[14] 가장 어린 피해자가 생후 6개월된 신생아라는 사실은 충격을 넘어서는 일이다.

---

[14] 김윤, "아동 성착취물 누리집 운영 손정우, 수익 은닉 혐의 2심도 징역 2년", MBN, 2022.11.11., 사회면

아동·청소년의 성보호에 관한 법률

[시행 2020. 6. 2.] [법률 제17338호, 2020. 6. 2., 일부개정]

【제정·개정이유】

[일부개정]

■ **개정이유**

아동·청소년을 대상으로 하는 음란물은 그 자체로 아동·청소년에 대한 성착취 및 성학대를 의미하는 것임에도 불구하고, 막연히 아동·청소년을 '이용'하는 음란물의 의미로 가볍게 해석되는 경향이 있는바, '아동·청소년이용음란물'을 '아동·청소년 성착취물'이라는 용어로 변경함으로써 아동청소년이용음란물이 '성착취·성학대'를 의미하는 것임을 명확히 하고,

아동·청소년성착취물 관련 범죄 규모와 형태가 갈수록 교묘해지고 있지만, 우리나라의 아동·청소년성착취물 관련 범죄에 대한 처벌이 지나치게 관대해 실효성이 떨어진다는 비판이 커지고 있는바, 아동·청소년성착취물 관련 범죄에 대한 처벌을 강화함으로써 경각심을 제고하는 한편, 아동·청소년성착취물 관련 범죄를 저지른 사람을 수사기관에 신고한 사람에 대하여 포상금을 지급할 수 있는 근거를 마련하는 등 현행 제도의 운영상 나타난 일부 미비점을 개선·보완하려는 것임.

■ **주요내용**

가. '아동·청소년이용음란물'을 '아동·청소년성착취물'로 그 용어를 변경함(제2조 제5호).

나. 아동·청소년에 대한 강간·강제추행 등의 죄를 범할 목적으로 예비 또는 음모한 사람은 3년 이하의 징역에 처하도록 함(제7조의2 신설).

다. 아동·청소년성착취물의 제작·배포 등에 관한 죄의 형량을 강화하고, 아동·청소년성착취물을 광고·소개하거나 구입·시청한 자에 대한 처벌 근거를 마련함(제11조).

라. 관련 규정에서 벌금형이 삭제됨에 따라 이를 조정함(제56조제1항).

마. 아동·청소년성착취물의 제작·배포 등에 관한 범죄를 저지른 사람을 신고한 사람에게 포상금을 지급할 수 있도록 함(제59조제1항).

<법제처 제공>

25만 건에 등장하는 아동·청소년이 피해자이고 회원 수는 120만 명 이상으로 파악 됐다.

유료회원만 4천 명 이상으로 밝혀졌으며 웰컴투비디오 관련 처벌 대상은 운영자 손정우가 유일하다.

유통된 미성년자 불법성착취 영상은 대략 25만 건 이상으로 추정되어 1심 집행유예 2심은 징역 1년6개월 벌금 500만 원이었다. 그마저도 벌금 500만 원은 불법도박에 의한 벌금이었다.[15] 당시 손정우는 해외에서 더 큰 이슈였다. 미성년자 성착취영상에 대해 유독 심각한 수준의 법적책임을 묻는 미국에서 손정우를 재판에 세우고자 범죄자 인도조약을 언급하며 미국으로 인도를 보내주길 원했으나 손정우 아버지가 한국에 남기기 위해 변호사의 조력을 받으면서 한국에서 재판을 받아 1년6개월로 형을 받고 석방된 상태이다. 미국에서 재판을 받았다면 100년은 넘었을 일이다.[16] 이로 인해 국내와 더불어 해외에서도 한국의 미성년 대상 불법촬영물에 대한 미비한 법집행에 대해 문제제기를 했다. AV스눕 사건 이후 양형기준에 대한 시들어진 논의가 손정우 사건으로 아동·청소년 성착취영상 범죄자에 대한 양형기준에 대한 적극적인 논의가 이루어지기 시작했다. 당시 손정우가 운영하던 웰컴투비디오에서 미성년자 불법성착취물을 구매해서 본 영국인은 22년, 미국인은 15년을 받아 현재 수감 중이다.

그러나 정작 미성년자 불법성착취물 25만 건을 배포 유통시킨 손정우는 이미 교도소에서 1년6개월의 형을 마치고 나왔다고 하니 우리나라 판결에 대한 국내외 비난은 당연한 일이다.

아동 성착취물을 팔아 얻은 범죄수익금 3억5천만 원은 환수조치되었다.

손정우의 죄명은 <아동청소년성보호에 관한 법률 불법음란물 배포혐의>, <범죄수익은닉>, <불법도박>으로 이루어져 있다.

손정우 사건은 아동청소년 성착취물을 유통시킨 AV스눕보다 언론에서 더 많은 관심을 가졌다. 물론 규모가 전 세계적이었고 범죄인인도조약까지 언급될 만큼의 사안이 중대했기 때문일 것이다.

---

15 온다예, "아동 성착취물 웰컴투비디오, 손정우 10월 첫 재판...범죄수익 은닉", 뉴스1, 2022.8.2., 사회면
16 이현주·정준기, "아동 성착취물 배포 손정우, 美 송환 땐 징역 100년?", 한국일보, 2020.5.13., 사회면

손정우 웰컴투비디오	경향	동아	문화	세계	조선	중앙	한겨레	한국
2019년	4					1	5	4
2020년	28	9	4	23	7	8	23	14
2021년	1			1	2	1	1	2
2022년	5	1		3	1		2	
2023년								

이후 양형기준에 변화가 생겼다.

2020년12월7일 대법원 양형위 회의에서 새로운 양형기준을 의결한 것이다.[17]

아동·청소년착취물 범죄(청소년성보호법 제11조)
– 양형기준 형량범위

유형	구분	감경	기본	가중	특별가중[1]	다수범[2]	상습범[3]
1	제작 등	2년6월~ 6년	5년~9년	7년~13년	7년~ 19년6월	7년~ 29년3월	10년6월~ 29년3월
2	영리 등 목적 판매 등	2년6월~ 5년	4년~8년	6년~12년	6년~18년	6년~27년	상습 가중 규정 없음
3	배포 등	1년6월~ 4년	2년6월~ 6년	4년~8년	4년~12년	4년~18년	상습 가중 규정 없음
4	아동·청소년 알선	1년6월~ 4년	2년6월~ 6년	4년~8년	4년~12년	4년~18년	상습 가중 규정 없음
5	구입 등	6월~ 1년4월	10월~ 2년	1년6월~ 3년	1년6월~ 4년6월	1년6월~ 6년9월	상습 가중 규정 없음

외국에 비하면 여전히 부족한 면이 있지만 대법원이 양형기준을 높이려는 노력은 아동·청소년 대상 성착취물 제작에 대한 우려와 사회적 공감대, 국민들의 법감정을 인식했기 때문일 것이다. 그러나 손정우 역시 언론에서 주로 다룬 것은

17 아동·청소년 성착취물 범죄 양형기준 형량범위, 양형위원회제공

범죄인 인도에 대한 부분들이었다. 해외로 범죄인 인도조약을 이행하라는 미국과 우리나라 정부와의 의견 차이를 다루면서 디지털 성착취에 대한 부분은 언론에 전면에 등장하지는 못했다.

기업형 성착취로 성장한 조주빈의 N번방

조주빈이라는 이름은 전 국민을 분노하게 하였고 2020년은 우리나라 디지털 성착취범죄가 절정에 올랐음을 알리는 시기였다. IT강국이라는 명예가 불명예로 전락하는 순간인 것이다.

컴퓨터 데스크에서 불법성착취물을 올리던 시대에서 장소와 시간 등에 구애받지 않고 성착취물을 제작, 배포, 유통이 가능해졌기 때문이다. 특히 실시간 생중계를 통해 성착취물을 제작, 제공 받을 수 있게 되면서 성착취 피해자들의 피해 내용 역시 상상을 초월한 내용들이 생성되고 있었다.

아동 · 청소년의 성보호에 관한 법률

[시행 2020. 12. 10.] [법률 제17352호, 2020. 6. 9., 타법개정]

【제정 · 개정이유】

⊙ 법률 제17352호(2020.6.9.) 전기통신사업법 일부개정법률

[일부개정]
■ **개정이유**
불법촬영물 등의 유포, 확산을 방지하기 위하여 부가통신사업자 등에게 아동 · 청소년이용성착취물 등의 유통방지 조치의무 등을 부과하고, 이용자 보호를 위하여 일부 기간통신사업자의 서비스별 요금 등에 관한 이용약관 인가제를 신고제로 전환하되, 신고 반려 근거를 마련하는 등 현행 제도의 운영상 나타난 일부 미비점을 개선 · 보완하려는 것임.

■ **주요내용**

가. 부가통신사업자 등에게 아동·청소년이용성착취물 등의 불법촬영물 등의 삭제·
접속차단 등의 유통방지 조치의무와 기술적·관리적 조치의무를 부과하고, 불법촬
영물 등의 삭제·접속차단 등의 조치를 의도적으로 취하지 아니한 자에게 과징금을
부과할 수 있도록 함(제22조의5제1항, 제22조의5제2항 및 제22조의6 신설).

나. 이용자 수, 트래픽 양 등이 대통령령으로 정하는 기준에 해당하는 부가통신사업자
는 이용자에게 편리하고 안정적인 전기통신서비스를 제공하기 위하여 서비스 안
정수단의 확보, 이용자 요구사항 처리 등 필요한 조치를 취하도록 함(제22조의7
신설).

다. 국내에 주소 또는 영업소가 없는 부가통신사업자로서 이용자 수, 트래픽 양 등이
대통령령으로 정하는 기준에 해당하는 자는 이용자 보호 업무 등을 대리하는 국내
대리인을 서면으로 지정하도록 함(제22조의8 신설).

라. 일부 기간통신사업자의 서비스별 요금 등에 관한 이용약관에 대한 인가제를 신고
제로 전환하되, 이용자의 이익이나 공정한 경쟁을 해칠 우려가 크다고 인정되는
경우에는 신고를 반려할 수 있도록 함(제28조).

마. 전기통신서비스의 도매제공의무제도의 유효기간을 2022년 9월 22일까지로 함
(부칙 제2조).

<법제처 제공>

예전의 성착취 영상은 제작되면 재유포 형식으로 반복 재생하는 형태의 범죄
였다면 현재는 한명의 성착취 피해자에게서 다양한 불법성착취영상을 제작하도
록 요구하고 실시간 생중계로 성착취제작 과정들이 회원들에게 관람하도록 하는
더 중한 범죄로 바뀌었다.

2020년에 가장 많이 언급된 것은 조주빈과 더불어 텔레그램이었을 것이다.
조주빈이 성착취물을 제작하고 배포시킨 장소가 텔레그램이었고, 박사방과 같은
N번방을 무려 38개나 만들어 운영했다.[18] 텔레그램은 서버가 어디 있는지도 확
인되지 않는 SNS다. 막연히 예측만 될 뿐이다.

---

18 최석진·김형민, "경찰 조주빈과 공범 2명 기소...범죄단체조직 빠진 14개 혐의", 아시아경제,
2020.4.13., 사회면

정보통신망 이용촉진 및 정보보호 등에 관한 법률

[시행 2020. 12. 10.] [법률 제17358호, 2020. 6. 9., 일부개정]

제44조의9(불법촬영물등 유통방지 책임자) ① 정보통신서비스 제공자 중 일일 평균 이용자의 수, 매출액, 사업의 종류 등이 대통령령으로 정하는 기준에 해당하는 자는 자신이 운영·관리하는 정보통신망을 통하여 일반에게 공개되어 유통되는 정보 중 다음 각 호의 정보(이하 "불법촬영물등"이라 한다)의 유통을 방지하기 위한 책임자(이하 "불법촬영물등 유통방지 책임자"라 한다)를 지정하여야 한다.

1. 「성폭력범죄의 처벌 등에 관한 특례법」 제14조에 따른 촬영물 또는 복제물(복제물의 복제물을 포함한다)
2. 「성폭력범죄의 처벌 등에 관한 특례법」 제14조의2에 따른 편집물·합성물·가공물 또는 복제물(복제물의 복제물을 포함한다)
3. 「아동·청소년의 성보호에 관한 법률」 제2조제5호에 따른 아동·청소년성착취물

② 불법촬영물등 유통방지 책임자는 「전기통신사업법」 제22조의5제1항에 따른 불법촬영물등의 삭제·접속차단 등 유통방지에 필요한 조치 업무를 수행한다.

③ 불법촬영물등 유통방지 책임자의 수 및 자격요건, 불법촬영물등 유통방지 책임자에 대한 교육 등에 관하여 필요한 사항은 대통령령으로 정한다.

제64조의5(투명성 보고서 제출의무 등) ① 정보통신서비스 제공자 중 일일 평균 이용자의 수, 매출액, 사업의 종류 등이 대통령령으로 정하는 기준에 해당하는 자는 매년 자신이 제공하는 정보통신서비스를 통하여 유통되는 불법촬영물등의 처리에 관하여 다음 각 호의 사항을 포함한 보고서(이하 "투명성 보고서"라 한다)를 작성하여 다음해 1월 31일까지 방송통신위원회에 제출하여야 한다.

1. 정보통신서비스 제공자가 불법촬영물등의 유통 방지를 위하여 기울인 일반적인 노력에 관한 사항
2. 「전기통신사업법」 제22조의5제1항에 따른 불법촬영물등의 신고, 삭제요청 등의 횟수, 내용, 처리기준, 검토결과 및 처리결과에 관한 사항
3. 「전기통신사업법」 제22조의5제1항에 따른 불법촬영물등의 삭제·접속차단 등 유통방지에 필요한 절차의 마련 및 운영에 관한 사항
4. 불법촬영물등 유통방지 책임자의 배치에 관한 사항
5. 불법촬영물등 유통방지를 위한 내부 교육의 실시와 지원에 관한 사항

② 방송통신위원회는 투명성 보고서를 자신이 운영·관리하는 정보통신망을 통하여 공개하여야 한다.

③ 방송통신위원회는 투명성 보고서의 사실을 확인하거나 제출된 자료의 진위를 확인하기 위하여 정보통신서비스제공자에게 자료의 제출을 요구할 수 있다.

텔레그램은 개인정보보호를 이유로 범죄행위에 대해서도 수사기관에 전혀 협조하지 않기 때문에 범죄의 온상이 되고 있다. 불법성착취영상을 제작, 유통하는 사이트는 거의 서버를 외국에 두고 있어 그 어떤 범죄보다 국제사회의 공조가 요구되고 있다. 특히 다크웹의 경우 인터넷 접속경로나 기록을 은닉하여 추적을 방지하는 웹브라이저로 접속자나 서버를 확인하기 어려워 국가간 공조는 시급하고 필수적이다.[19]

박사방은 조직원이 38명, 유료회원만 만 명 이상이었고 가해자는 1만5천명 이상으로 나타났다. 성착취 가담자는 최소 6만 명 이상이었고 텔레그램을 제외한 채팅 플랫폼까지 포함하면 30만 명 이상이라고 예측하고 있다.

성폭력범죄의 처벌 등에 관한 특례법
[시행 2020. 5. 19.] [법률 제17264호, 2020. 5. 19., 일부개정]

【제정 · 개정문】

제3조제1항 중 "5년"을 "7년"으로 한다.
제4조제1항 중 "5년"을 "7년"으로 하고, 같은 조 제2항 중 "3년"을 "5년"으로 한다.
제6조제3항 중 "2천만원"을 "3천만원"으로 한다.
제7조제3항 중 "유기징역 또는 3천만원 이상 5천만원 이하의 벌금에"를 "유기징역에"로 한다.
제11조 중 "1년"을 "3년"으로, "300만원"을 "3천만원"으로 한다.
제12조 중 "300만원"을 "1천만원"으로 한다.
제13조 중 "500만원"을 "2천만원"으로 한다.

---

19 경찰청, "경찰, 아동 · 청소년 대상 디지털성범죄 통력대응 체계 구축", 경찰청브리핑, 2021년3월19일

제14조제1항 중 "5년"을 "7년"으로, "3천만원"을 "5천만원"으로 하고, 같은 조 제2항 중 "항에서"를 "조에서"로, "경우"를 "경우(자신의 신체를 직접 촬영한 경우를 포함한다)"로, "5년"을 "7년"으로, "3천만원"을 "5천만원"으로 하며, 같은 조 제3항 중 "7년 이하의 징역"을 "3년 이상의 유기징역"으로 하고, 같은 조에 제4항 및 제5항을 각각 다음과 같이 신설한다.

④ 제1항 또는 제2항의 촬영물 또는 복제물을 소지·구입·저장 또는 시청한 자는 3년 이하의 징역 또는 3천만원 이하의 벌금에 처한다.

⑤ 상습으로 제1항부터 제3항까지의 죄를 범한 때에는 그 죄에 정한 형의 2분의 1까지 가중한다.

법률 제17086호 성폭력범죄의 처벌 등에 관한 특례법 일부개정법률 제14조의2에 제4항을 다음과 같이 신설한다.

④ 상습으로 제1항부터 제3항까지의 죄를 범한 때에는 그 죄에 정한 형의 2분의 1까지 가중한다.

제14조의3을 다음과 같이 신설한다.

제14조의3(촬영물 등을 이용한 협박·강요) ① 성적 욕망 또는 수치심을 유발할 수 있는 촬영물 또는 복제물(복제물의 복제물을 포함한다)을 이용하여 사람을 협박한 자는 1년 이상의 유기징역에 처한다.

② 제1항에 따른 협박으로 사람의 권리행사를 방해하거나 의무 없는 일을 하게 한 자는 3년 이상의 유기징역에 처한다.

③ 상습으로 제1항 및 제2항의 죄를 범한 경우에는 그 죄에 정한 형의 2분의 1까지 가중한다.

제15조 중 "제9조까지 및 제14조"를 "제9조까지, 제14조 및 제14조의3"으로 한다.

제15조(미수범) 제3조부터 제9조까지, 제14조, 제14조의2 및 제14조의3의 미수범은 처벌한다.

제15조의2를 다음과 같이 신설한다.

제15조의2(예비, 음모) 제3조부터 제7조까지의 죄를 범할 목적으로 예비 또는 음모한 사람은 3년 이하의 징역에 처한다.

제21조제3항제1호 중 "제301조(강간등 상해·치상) 또는 제301조의2(강간등 살인·치사)의"를 "제301조(강간등 상해·치상), 제301조의2(강간등 살인·치사) 또는 제305조(미성년자에 대한 간음, 추행)의"로 한다.

확인된 피해자는 1,154여명이고 20대 이하 피해자가 60.7%로 미성년자가 많았다.

조주빈은 성착취 피해자들을 노예라고 지칭하고 피해자들 몸에 문신을 새기도록 하는 엽기적인 행위도 서슴치 않았다. 또한 조직원들의 역할을 피해자물색·유인, 성착취, 성착취유포, 성착취 수익금인출 등으로 분담하여 체계적으로 성착취물을 제작 배포하는 기업형 성착취의 형태를 만들었다.[20]

특히 회원들이 납부한 금액과 활동에 따라 회원등급을 분류하여 조직적으로 관리하였고 고액유료회원들에게는 여성을 넘겼다. 조주빈은 그것을 '노예분양'으로 표현했다.

성폭력범죄의 처벌 등에 관한 특례법

[시행 2020. 5. 19.] [법률 제17264호, 2020. 5. 19., 일부개정]

【제정·개정이유】

[일부개정]

■ **개정이유**

텔레그램을 이용한 성착취 사건 등 사이버 성범죄로 인한 피해가 날로 증가하고 있는 바, 카메라 등 이용 촬영죄 등 성폭력범죄의 법정형을 상향하고, 불법 성적 촬영물의 소지·구입·저장·시청에 대한 처벌규정을 신설하는 등 관련 규정을 정비함으로써 사이버 성범죄로 인한 피해 발생을 미연에 방지하여 국민의 성적 자기결정권 등 기본권을 보호하고 범죄로부터 안전한 사회 조성에 기여하려는 것임.

■ **주요내용**

가. 특수강도강간 등, 특수강간 등, 13세 미만의 사람에 대한 강제추행 및 공중 밀집 장소에서의 추행의 죄의 법정형을 상향함(제3조제1항, 제4조제1항·제2항, 제7조제3항 및 제11조).

나. 장애인에 대한 강제추행, 성적 목적을 위한 다중이용장소 침입행위 및 통신매체를 이용한 음란행위의 죄의 벌금형을 징역 1년당 벌금 1천만원의 비율에 맞추어 상향

---

20 박소희·유성호, "박사방은 유기적 결합체 조주빈, 14개 혐의로 기소", 오마이뉴스, 2020.4.13., 사회면

함(제6조제3항, 제12조 및 제13조).

다. 카메라 등을 이용한 촬영, 그 촬영물 또는 복제물의 반포 등의 죄의 법정형을 상향하고, 자신의 신체를 직접 촬영한 경우에도 그 촬영물을 촬영대상자의 의사에 반하여 반포 등을 한 사람은 처벌된다는 점을 명확히 규정함(제14조제1항부터 제3항까지).

라. 불법 성적 촬영물 등을 소지·구입·저장 또는 시청한 자는 3년 이하의 징역 또는 3천만 원 이하의 벌금에 처하도록 함(제14조제4항 신설).

마. 성적 욕망 또는 수치심을 유발할 수 있는 촬영물 등을 이용하여 사람을 협박 또는 강요한 자는 각각 1년 이상, 3년 이상의 징역에 처하도록 함(제14조의3 신설).

바. 특수강도강간 등의 죄를 범할 목적으로 예비·음모한 사람은 3년 이하의 징역에 처함(제15조의2 신설).

<법제처 제공>

국회에서는 조주빈, 조두순처럼 신상공개대상자들이 차후 개명하여 새로운 이름은 또 다른 범죄나 신상공개대상자 명단에서 피해 갈 것을 우려하여 신상공개대상자들의 개명을 금지하는 개명금지법이 발의되기도 했다.[21]

N번방의 주동자들인 조주빈은 징역42년, 강훈 징역15년, 문형욱 징역34년 + 전자발찌부착30년을 선고 받았다.

이들의 혐의는 무려 14가지다.

<청소년성보호법상 강간>, <아동복지법 위반>, <청소년성보호법상 유사성행위>, <아동청소년성보호에 관한 법률 음란물의 제작,배포혐의>, <성폭력범죄처벌법 카메라등을 이용한 촬영 반포등 혐의>, <강요죄>, <강제추행>, <협박죄>, <무고죄>, <사기죄>, <개인정보보호법위반>, <마약류관리에 관한 법률 위반>, <범죄단체등 조직>, <범죄단체 등 가입>

디지털 성착취 범죄에 대한 국민들의 분노가 극에 달하면서 박사방 용의자들의 신상공개 및 포토라인에 대한 청와대국민청원 2,570,000명 이상이 참여하였다. 이 숫자는 국민청원 역대 최다 청원 동의수로 기록되었다.

박사방을 비롯한 텔레그램 내에서 발생하고 있는 N번방 가입자와 피해자가

---

21 유오상, "조두순, 조주빈 등 흉악범죄자 개명방지법 발의", 헤럴드경제, 2021.7.29., 정치면

10－20대 연령대가 비율이 높다는 것은 우리 사회가 방안을 마련해 가야 할 숙제이다. 가해자의 낮은 연령은 차후 가해행위에 직접 주도적으로 참여 할 확률이 높기 때문이다.

조주빈은 1억828만원의 추징금이 확정 됐으나 현재 7만원만(2023년 2월) 납부한 상태이다.

이에 관련법이 개정되었다. 그러나 일부의 법 개정이 아닌 '독립몰수제'에 대한 도입의 필요성을 전문가들은 요구하고 있다.

범죄수익은닉의 규제 및 처벌 등에 관한 법률

[시행 2020. 5. 19.] [법률 제17263호, 2020. 5. 19., 일부개정]

【제정 · 개정이유】

[일부개정]

■ 개정이유 및 주요내용

최근 사회적으로 문제되고 있는 디지털 성폭력 범죄의 경우 범죄의 특성상 불특정 다수의 가해자가 특정되지 않는 경우가 많으며, 이 경우 개별 범죄사실의 특정 및 개별 범죄와 범죄수익 간 관련성 입증이 어려워 범죄수익환수가 좌절되는 경우가 발생하고 있음.

이에 「아동 · 청소년의 성보호에 관한 법률」에 따른 아동 · 청소년이용음란물제작 · 배포 등의 죄와 「성폭력범죄의 처벌 등에 관한 특례법」에 따른 카메라 등을 이용한 촬영, 허위영상물 등의 반포 등의 죄에 대해서는 범죄수익에 관한 입증책임을 완화함으로써 범죄수익의 보다 원활한 환수에 기여하려는 것임.

<법제처 제공>

그리고 박사방 사건으로 수사기법의 한계를 보여주면서 '기회제공형함정수사'의 필요성이 확산되었고 사건의 심각성으로 인해 법률 개정이 이루어져 현재 기회제공형함정수사가 이루어지고 있다.

아동 · 청소년의 성보호에 관한 법률

[시행 2021. 9. 24.] [법률 제17972호, 2021. 3. 23., 일부개정]

【제정 · 개정이유】

[일부개정]

■ 개정이유

최근 발생한 텔레그램 n번방 사건과 같이 아동 · 청소년대상 '온라인 그루밍'의 경우 성착취물의 제작 및 유포에 따른 파급효과가 극심하고 피해의 회복이 어려우므로 이를 범죄행위로 규정하여 처벌하는 한편, 아동 · 청소년대상 디지털성범죄를 사전에 예방하고 증거능력 있는 자료를 확보하기 위하여 사법경찰관리가 신분을 위장하여 수사할 수 있도록 수사 특례 규정을 마련하려는 것임.

■ 주요내용

가. 아동 · 청소년의 성을 사기 위해 권유 · 유인하는 경우의 법정형을 상향함(제13조 제2항).

나. 아동 · 청소년에 대한 성적 착취를 목적으로 성적 욕망이나 수치심 또는 혐오감을 유발하는 대화를 지속적 또는 반복적으로 하는 행위 등의 처벌 규정을 마련함(제15조의2 신설).

다. 아동 · 청소년성착취물 제작 · 수입 · 수출죄의 경우에는 「형사소송법」상 공소시효를 적용하지 아니하도록 하도록 함(제20조제4항제2호).

라. 아동 · 청소년대상 디지털성범죄에 대한 신분비공개수사 및 신분위장수사를 허용하는 수사 특례 규정을 마련함(제25조의2부터 제25조의9까지 신설).

<법제처 제공>

국민적 관심이 높았던 사건이었고 그 어떤 사건보다도 성인지감수성이 필요한 재판이었다.

당시 서울중앙지방법원 오덕식부장판사가 사건을 배정 받았으나 수많은 성범죄자들에게 너그러운 판결을 내린 과거가 밝혀졌고 특히 가수 故구하라 사건을 통해 성인지감수성이 현저하게 떨어진다는 비판을 받았다. 가수 故구하라 사건은 불법촬영을 하고 폭행, 협박한 혐의로 기소 된 최종범이 1심 재판에서 집행유예를 선고 받고 불법촬영 부분을 무죄로 판단하였다. 구씨가 촬영에 명시적으로 동의하지 않았지만 구씨 의사에 반해 촬영되지 않았다고 본 것이다. 불법촬영

이 사회문제로 불거지고 목숨을 끊어 고인이 된 구하라 사건이 알려지면서 국민
청원게시판을 통해 재판부 재배정을 요구하는 서명에 41만 명이 넘는 청원에 국
민들이 참여하면서 재판부가 변경되었다.[22]

정보통신망 이용촉진 및 정보보호 등에 관한 법률
[시행 2020. 12. 10.] [법률 제17358호, 2020. 6. 9., 일부개정]

【제정 · 개정이유】

[일부개정]

■ 개정이유

현행법상 금지되는 정보통신망 침해행위에 최근 정보통신망의 정상적인 보호 · 인증
절차를 우회하여 정보통신망에 접근할 수 있도록 하는 프로그램이나 기술적 장치 등
의 백도어를 정보통신망 또는 정보시스템에 설치하는 행위를 명확히 규정하고 있지
않아 백도어로 인한 개인정보 유출 등의 피해를 사전에 방지하지 못할 우려가 있고,
최근 인공지능 기술을 이용하여 만든 거짓의 음향 · 화상 또는 영상 등의 딥페이크
(Deep Fake) 정보가 인터넷에 유통되는 사례가 늘어나고 있는바, 딥페이크 정보가
정교할수록 이용자가 해당 정보의 거짓 여부를 판별하기 어려우므로 이를 식별할 수
있는 기술을 개발 · 보급하는 것이 시급함.
또한, 최근 발생한 텔레그램 N번방 사건처럼 불법촬영물의 유통으로 인한 피해자의
2차 피해를 방지하기 위해서는 정보통신서비스 제공자의 신속한 삭제와 접속 차단이
우선되어야 하고, 특히 해외 정보통신서비스 제공자의 경우 해외사업자라는 이유로
국내법을 적용하기 어려운 실정인바, 이를 개선할 필요가 있음.
한편, 정보통신망에 연결되어 정보를 송 · 수신할 수 있는 정보통신망연결기기 등과
관련된 침해사고가 국민의 생명 · 신체 · 재산에 큰 피해로 이어질 우려가 커지고 있음
에도 불구하고, 현행법은 정보통신망연결기기 등의 정보보호에 관한 대책이 미흡한
바, 이를 보완할 필요가 있음.

■ 주요내용

나. 과학기술정보통신부장관 또는 방송통신위원회가 마련하는 시책에 정보통신망을
　통하여 유통되는 정보 중 인공지능 기술을 이용하여 만든 거짓의 음향 · 화상 또는

---

22 이혜리, "성인지감수성 부족 국민청원 40만명 넘자 N번방 오덕식판사 교체", 경향신문, 2020.
　3.30., 사회면

영상 등의 정보를 식별하는 기술의 개발·보급을 포함하도록 함(제4조제2항제7
호의2 신설).

다. 국외에서 이루어진 행위도 국내 시장 또는 이용자에게 영향을 미치는 경우 이 법
을 적용하도록 함(제5조의2 신설).

라. 정보통신서비스 제공자 중 일일 평균 이용자의 수, 매출액, 사업의 종류 등이 대통
령령으로 정하는 기준에 해당하는 자는 자신이 운영·관리하는 정보통신망을 통하
여 일반에게 공개되어 유통되는 정보 중 아동·청소년성착취물 등의 유통을 방지
하기 위한 책임자를 지정하도록 함(제44조의9 및 제76조제2항제4호의4 신설).

사. 정보통신서비스 제공자 중 일일 평균 이용자의 수, 매출액, 사업의 종류 등이 대통
령령으로 정하는 기준에 해당하는 자는 매년 자신이 제공하는 정보통신서비스를
통하여 유통되는 불법촬영물 등의 처리에 관하여 방송통신위원회에 투명성 보고
서를 제출하도록 하고, 이를 위반한 경우 1천만원 이하의 과태료를 부과함(제64
조의5 및 제76조제3항제25호 신설).

<법제처 제공>

　　재판부까지 바꿔버릴 만큼 국민적 관심이 컸던 것은 N번방의 성착취 문제를
언론들이 기사화며 이슈를 지속적으로 유지했기 때문이다. 물론 자극적이고 선
정적인 부분도 존재하고 진영간의 문제로 사건을 왜곡시킨 부분들이 존재했다.
하지만 그럼에도 불구하고 지속적인 기사 생성은 국민들의 관심을 집중시키는데
그 역할을 했다고 볼 수 있다.

조주빈 N번방	경향	동아	문화	세계	조선	중앙	한겨레	한국
2020년	258	84	87	158	131	83	116	153
2021년	43	24	12	43	30	10	19	28
2022년	60	24	21	37	27	17	17	52
2023년	11	7	1	5	8	7	2	10

　　표에서 보여지듯이 앞서 언급된 디지털 성착취 사건들에 비해 조주빈의 N번
방은 언론의 끊임없는 기사가 제공되었고 그만큼의 사회 변화도 이끌어 낼 수 있

었다. 8개 신문사 외 신문과 인터넷 신문사들까지 포함하면 N번방 조주빈의 기사빈도수는 몇 배가 높아진다. 그러나 여전히 아쉬운 점은 조주빈이 행한 다양한 이슈들이 전면에 배치되면서 피해자 보호와 구제, 디지털성범죄에 대한 근본적인 대책마련은 부족했었다. 물론 관련법 개정들이 이루어지긴 했지만 우리 사회에 디지털성범죄가 지속적으로 발생하는 근본적인 문제에 대한 고민을 풀어내지 못한 것은 아쉬운 부분이다.

우울증의 청소년을 음흉하게 그루밍한 악날한 놀이터 디시인사이드 우울증갤러리

국민건강보험공단 자료에 따르면 아동·청소년 우울증 진료 건수가 2019년 3만3000건 → 2021년 약 4만 건으로 20%가량 증가, 아동·청소년 사망원인 1위인 자살률은 2021년 10만 명당 2.7명으로 2000년대 들어 최고치를 기록하였고 10대 후반 여성의 자해·자살이 2016년 3.06명 → 2020년 10.22명으로 3배 넘게 급증했다고 한다.[23]

2023년 5월 16일 한 여고생이 강남 한복판에서 자살을 생중계한 충격적인 일이 발생했다.

그리고 닷새간 3명의 미성년자들의 자살이 연이어 이어졌고 자살을 생중계하며 사망한 사건의 배경에 디시인사이드의 우울증갤러리가 있다는 사실이 밝혀지면서 디시인사이드에 대한 관심이 높아졌다.

디시인사이드는 하루 평균 82만 개 이상의 글이 올라오고 220만 개가 넘는 댓글이 작성되고 있으며 2023년 6월 기준 커뮤니티 1위 사이트이다.

디시인사이드는 익명성으로 최대 규모의 커뮤니티로 성장했다. 그러나 그 익명성은 자유로운 의사표현을 위한 수단이 아닌 범죄의 도구로 활용되고 있다.

자살을 하려거나 우울증을 호소하는 미성년자에게 음흉한 성인들이 접근해

---

23 사설, "고립청소년들의 극단 선택, 언제까지 보고만 있을 텐가", 경향신문 2023.5.7., 오피니언

성폭행을 하고 그것을 빌미로 성착취물을 제작하여 유포하거나 재성폭행하는 일들이 발생한 것이다.

디시인사이드 우울증갤러리는 그루밍 범죄의 온상이 된지 오래됐다. 특히 자살 생중계 이전에 신대방팸 사건으로 성인남성들이 여학생들을 성착취한 사건이 발생하면서 디시인사이드 사이트의 문제가 수면 위로 올라오기 시작했다.

우울증으로 인해 힘들어하는 미성년자들이 심리적 치료와 위안을 받으러 갤러리를 방문한 청소년을 대상으로 성인들은 그루밍을 통한 성폭행을 일삼는 것뿐 아니라 자살을 유도하거나 그루밍을 통한 성착취 그리고 마약류를 제공하는 등 불법적인 일들을 행하고 있다.[24]

그러나 가입절차가 없어서 피의자를 검거하기 어려운 구조를 가지고 있으며 디시인사이드도 텔레그램처럼 개인정보보호를 빌미로 게시자에 대한 정보를 제공하지 않고 있어 범죄자를 보호하고 있다는 비난을 받고 있다.

여고생의 죽음이 생중계 되면서 디시인사이드 사이트를 폐쇄시켜야 한다는 목소리가 많지만 우울증갤러리와 같은 온라인 커뮤니티가 많다는 것에 우리는 폐쇄가 답인지에 대해 고민해야 한다.[25] 디시인사이드 우울증갤러리도 처음에는 그 목적이 분명히 있었을 것이다. 그러나 우울하고 무기력한 청소년들을 노리는 범죄자와 같은 성인들이 들어오면서 우울증갤러리는 범죄의 장소로 변질되어버렸다. 다른 온라인 커뮤니티도 마찬가지이다. 어디에서든 취약한 청소년들을 노리는 범죄자와 같은 성인들을 막을 수 있는 방법을 강구하지 않는다면 우울증 갤러리를 폐쇄한다고 이 문제가 해결되진 않는다.

실제 초등학생들이 애니메이션에 대해 이야기하는 오픈채팅방에 초등학생처럼 위장하여 초등학생들을 유인하여 성폭행하는 사례도 있고, 성적인 대화를 유도하고 성적인 행위들을 하도록 하는 사례도 있다.

현재는 문제가 되는 사이트 차단이 답이 아니라 목적을 가지고 건전하게 운영되는 청소년대상의 다양한 커뮤니티에 접근하는 음흉하고 추악한 성인들을 어

---

24 최미송·정성택, "우울증 갤러리 통한 미성년 범죄 또 발생", 동아일보, 2023.6.27., 사회면
25 전수한, "울갤 유사갤러리 즐비...전방위 모니터링을", 문화일보, 2023.5.10., 사회면

떻게 걸러내느냐 하는 것이다.

경찰의 사이트 폐쇄 요청을 디시인사이트 측은 거부했다. 이유는 정상이용자의 열람권을 제한할 수 있고 문제의 글이 다른 사이트도 옮겨가는 것을 우려 했다고 한다. 그리고 무엇보다 상시모니터링을 통해 유해 글을 삭제하고 있다[26]고 말했지만 상시모니터링을 통해 유해 글을 삭제하고 있는 데도 이런 일들이 반복되고 있다면 디시인사이드 측은 상시모니터링 이상의 대책을 강구해야 한다는 것이다.

디시인사이드 우울증갤러리	경향	동아	문화	세계	조선	중앙	한겨레	한국
2023년	11	2		6	4	4	5	6

각 커뮤니티 내에서의 책임 있는 모니터링 외에도 방심위, 여성가족부, 경찰 등의 상시적인 개입이 필요해 보인다. 그러나 모니터링은 범죄 발생률을 줄일 수 있는 방법의 하나일 뿐이다.

극단적인 선택을 앞에 둔 청소년들과 우울하고 무기력한 청소년들에게 필요한 '그 무엇'을 어떻게 우리 사회가 준비하고 제공해야 하는 것인지 고민하는 것이 더 큰 문제라고 보여진다.

학교를 자퇴라고 수차례 극단적인 선택을 시도했던 이모 양(17)을 극적으로 살려 낸 것은 정부에서 운영하는 청소년사이버상담센터가 아니라 디시인사이더 우울증갤러리에서 만난 또래 친구의 전화였다는 것은 우리 사회가 놓치고 있는 것을 보여주는 중요한 사례이다.[27]

현재 우리나라는 공공 '정신복지예산이 OECD국가 평균의 3%[28]에 불과하다

---

26 사설, "디시인사이드 우울증갤러리 폐쇄 거부 온당치 않다", 경향신문, 2023.4.23., 오피니언

27 최미송, "한강다리서 전화하니 '햇볕 쬐라 말만' 외면 받는 정부상담소", 동아일보, 2023.5.31., 사회면

28 사설, "고립청소년들의 극단적 선택, 언제까지 보고만 있을텐가", 경향신문, 2023.5.7., 오피니언

는 것은 많은 것을 의미한다. 세계 1위 또는 매년 자살률 상위에 이름을 올리고 있는 한국이 공공정신복지예산 3%라는 것은 자국민들의 자살을 방치하고 있다고 보여 질 여지가 크다. 그리고 무엇보다 정부가 운영하는 청소년사이버상담센터에서 도움을 받지 못한 이모양의 사례가 우리나라의 상담시스템을 그대로 보여주는 것은 아닌지 우려스럽다.

전 세계 모든 사람이 피해자가 될 수 있는 딥페이크

딥페이크란 인공지능 기술을 활용해 기존에 있던 인물의 얼굴이나 특정한 부위를 영화의 CG처리처럼 합성한 영상편집물을 말한다. 디지털성범죄에서 많이 이용되고 있는 기술이기도 하다. 지인이나 연예인들의 얼굴을 성착취물에 합성해 만들어내고 있어 디지털성범죄의 한 종류로 분류된다. 딥페이크로 만들어진 디지털성범죄는 전 세계 어느 누구도 자유로울 수 없다.

실제로 오바마 전 미국 대통령의 딥페이크 영상을 만드는 데 걸린 시간은 3일도 되지 않았고,[29] 딥페이크를 만들어주는 사이트가 생겨나고 있으며 사진 한 장으로 합성 사진을 만드는 데는 5분이면 가능한 수준이라고 한다.[30] 네덜란드 사이버 보안 연구 회사인 '딥트레이스'의 보고서에 따르면 전 세계 딥페이크 영상의 대부분은 음란물(96%)이라고 발표했다. 특히, 이 음란물에 등장한 얼굴의 25%는 한국 여자 연예인으로 분석되었고 가장 많은 음란물에 등장한 연예인의 국적과 직업이 공개됐는데 상위 10명 중 3명이 한국 가수라고 한다. (트레이스는 개인 정보 보호를 위해 실명이나 기타 정보는 공개하지 않음)[31]

29 윤준탁 에이블랩스 대표, "점점 진짜 같아지는 딥페이크...눈덩이처럼 커지는 부작용", 중앙일보, 2020.6.11., 트랜D

30 안승진, "음란영역으로 엇나간 딥페이크...피해자 25%는 한국 여성 연예인", 세계일보, 2019.10.19.

31 윤준탁 에이블랩스 대표, "점점 진짜 같아지는 딥페이크...눈덩이처럼 커지는 부작용", 중앙일보, 2020.6.11., 트랜D

성폭력범죄의 처벌 등에 관한 특례법

[시행 2020. 6. 25.] [법률 제17086호, 2020. 3. 24., 일부개정]

<신 설>

제14조의2(허위영상물 등의 반포등) ① 반포등을 할 목적으로 사람의 얼굴·신체 또는 음성을 대상으로 한 촬영물·영상물 또는 음성물(이하 이 조에서 "영상물등"이라 한다)을 영상물등의 대상자의 의사에 반하여 성적 욕망 또는 수치심을 유발할 수 있는 형태로 편집·합성 또는 가공(이하 이 조에서 "편집등"이라 한다)한 자는 5년 이하의 징역 또는 5천만원 이하의 벌금에 처한다.

② 제1항에 따른 편집물·합성물·가공물(이하 이 항에서 "편집물등"이라 한다) 또는 복제물(복제물의 복제물을 포함한다. 이하 이 항에서 같다)을 반포등을 한 자 또는 제1항의 편집등을 할 당시에는 영상물등의 대상자의 의사에 반하지 아니한 경우에도 사후에 그 편집물등 또는 복제물을 영상물등의 대상자의 의사에 반하여 반포등을 한 자는 5년 이하의 징역 또는 5천만원 이하의 벌금에 처한다.

③ 영리를 목적으로 영상물등의 대상자의 의사에 반하여 정보통신망을 이용하여 제2항의 죄를 범한 자는 7년 이하의 징역에 처한다.

<법제처 제공>

03

디지털성범죄 대응 조치

디지털성범죄 피해자들을 위한 조치

여성가족부 2022년 디지털성범죄 피해자지원 보고서에 따르면 2022년도 온라인에 유포된 불법촬영물 21만 건을 삭제하였다고 한다. 2022년 디지털성범죄 지원센터에서 지원한 피해자는 10대와 20대가 전체 피해자의 36%를 차지하고 여성은 총 6,007명, 남성은 1,972명으로 총 7,979명을 지원했다고 분석했다. 피해자와 가해자의 관계는 관계미상이 48.3%(3,853명)로 가장 높았으며 일시적인 관계가 28.8%(2,295명), 모르는 사람 9.1%(730명), 친밀한 관계 7.6%(603명), 사회적 관계 6.0%(481명), 가족관계 0.2%(17명)으로 분석되었다. 관계미상, 일시적 관계, 모르는 사람이 총 86.2%의 비율로 나타난 것은 디지털성범죄 발생의 원인이 무엇인지 보여주는 결과이다.

피해유형으로는 12,727건 중 유포불안이 3,836건(30.1%)으로 가장 높게 나타났고, 불법촬영 21.1%, 유포 19.5%, 유포협박 18.0%, 사이버괴롭힘 4.2%, 편집 합성 1.7%, 기타 5.4%로 나타났다. 피해자 지원은 삭제지원 91.1%, 상담지원 8.2%, 수사법률 지원연계 0.6%, 의료지원연계 0.1%로 삭제지원이 압도적으로 많았다. 피해자들이 유포에 대한 불안감이 얼마나 큰지 확인되는 지점이다.

이렇듯 피해자들은 매년 증가하고 피해지원 역시 다양하게 운영되는 디지털성범죄자들이 여전히 많기 때문이다.

이런 현실을 반영해 정부는 디지털성범죄 피해자들을 보호하고 지원하기 위해 여성부 산하 한국여성인권진흥원에 디지털성범죄파해자지원센터를 2018년 4월30일에 설치하였다. 그리고 방송통신심의위원회, 경찰청 등 관계부처와의 협업으로 정책을 지원하고 있다.

지원하는 정책은 다음과 같다.
① 피해촬영물 삭제지원, ② 전화 상담, ③ 온라인게시판 상담, ④ 심리지원, ⑤ 신변보호, ⑥ 법률지원, ⑦ 경제지원, ⑧ 주거지원 등을 피해자에게 지원하고 있다.

먼저, 피해촬영물 삭제지원은 디지털성범죄피해자지원센터와 방송통신심의위원회가 지원한다.

디지털성범죄지원센터(02-735-8994) d4u.stop.or.kr

디지털성범죄 피해상담을 통해 피해 촬영물에 대한 삭제를 지원하고 더불어 수사, 법률, 의료지원도 연계하여 피해자를 지원한다.

방송통신심의위원회(1377) kocsc.or.kr

디지털성범죄 피해촬영물에 대하여 심의 후 접속을 차단시키고 정보통신사업자에게 삭제 등의 시정조치를 명령한다.[1]

피해촬영물 삭제 지원 및 유포현황 모니터링을 신청할 때 피해촬영물이 유포된 게시물의 구체적인 URL주소와 피해촬영물 영상·사진 스크린샷은 불가하나 스크린샷 자체가 유포되었을 경우에는 가능하다. 피해촬영물을 특정하는 게시글 제목과 내용 등 검색 가능한 유포키워드 등을 미리 확보해두면 더욱 빠르게 진행할 수 있다. 또한 피해영상물의 유포와 재유포 방지를 위해 24시간 모니터링을 실시하여 삭제지원을 받을 수 있고 정보통신사업자가 불응할 경우 방송통신심의위원회로 해당 사항을 연계해 피해영상물에 대한 심의를 진행해 관련 사이트의 접속을 차단하거나 정보통신사업자에게 삭제 등의 시정조치를 하여 피해자를 지원한다.

전화상담은 24시간 이루어지고 온라인게시판을 통해 신청하면 피해상황에 따른 지원내용과 절차를 안내해준다.

심리지원은 경찰서별로 피해자 전담요원을 지정하여 다각적인 보호 지원을 한다. 가해자의 보복이 두려운 경우 신변보호 요청을 할 수 있고 경찰 긴급호출용 스마트워치도 지급해 준다.

해바라기센터, 여성긴급전화 1366, 성폭력상담소 등에서 전화와 게시판을 통해 365일 24시간 상담을 제공하고 있다. 또한 피해자의 주민등록번호가 유출된 경우 주민등록번호변경위원회에 주민등록변경 신청도 가능하다. 임시숙소가

---

1 디지털성범죄 피해 촬영물 삭제 지원 정책, 한국여성인권진흥원, 2022 디지털성범죄 피해자 지원보고서

필요한 경우 임시숙소를 제공해주고 피해자의 불안감을 줄이기 위해 순찰도 강화하도록 한다.[2]

경찰과 디지털섬범죄피해자지원센터에서 피해촬영물에 대한 증거 확보등에 대한 법적인 절차에 필요한 상담과 도움을 물론 대한법률구조공단(전화: 132), 대한변협법률구조재단(전화: 02-3476-6515), 한국성폭력위기센터(전화: 02-883-9285)에서 법률상담과 소송구조 등의 법률서비스를 무료로 지원한다.

디지털성범죄로 신체·정신적인 피해를 입은 경우 범죄피해자지원센터(전화: 1577-1295, kcva.or.kr)를 통해 치료비, 긴급생계비, 학자금 등을 지원받을 수 있고 성폭력 피해자가 가해자의 보복 우려 등으로 주거지를 옮기는 경우 검찰청 피해자지원실(전화: 1577-2584)에서 이전비를 지원한다.

임시주거시설이 필요한 경우 여성긴급전화 1366에서 쉼터를 제공한다.[3]

매년 증가하고 있는 디지털성범죄 피해자들의 접근성을 높이기 위해 기존 10개 지역의 디지털성범죄 특화상담소를 세종, 울산, 전남, 충남을 포함해 14개로 확대하였다. 특화상담소에서는 심층상담, 수사기관·법원 동행, 법률·의료 연계지원, 외상 후 스트레스 장애 치유회복 프로그램 지원, 불법촬영물에 대한 초기 긴급 삭제지원 및 디지털성범죄피해자지원센터와 연계한 전문 삭제가 진행되도록 지원한다.[4]

디지털성범죄 특화 상담소	
세종 : 044-862-9193	울산 : 052-252-8247
경북 : 054-436-1366	대구 : 053-215-6487
전북 : 063-717-1366	충북 : 043-257-8297
광주 : 062-512-1365,1366	대전 : 042-257-3539

2 디지털성범죄 피해자 심리지원 정책, 한국여성인권진흥원, 2022 디지털성범죄 피해자 지원보고서
3 디지털성범죄 피해자 법률, 경제, 주거지원 정책, 한국여성인권진흥원, 2022 디지털성범죄 피해자 지원보고서
4 디지털성범죄 지역 특화상담소, 여성가족부

충남 : 041 – 1366	부산 : 051 – 802 – 2082
전남 : 061 – 1366	인천 : 032 – 517 – 5170
경남 : 055 – 713 – 1366	제주 : 064 – 744 – 8994

다양한 피해자 지원은 성폭력방지 및 피해자 보호 등에 관한 법률 제7조의3 (불법촬영물등으로 인한 피해자 등에 관한 지원 등)에 의해서 이루어지고 있다. 즉 피해자들을 위한 보호, 지원 정책에 대해 법률로 규정하여 보호하며 빠르게 변화하는 디지털성범죄에 대한 대응을 정책으로 반영하여 피해자 보호와 지원이 소홀하지 않도록 하고 있다.

디지털성범죄를 차단하기 위한 다양한 사회적 제안

제도적 감시 방안

① 피해자가 거부할 수 있는 형사공탁특례제도 개정

강원도 지역에서 초등학교 6학년(13세) 2명을 성착취한 범죄자들이 1심에서 한 명은 벌금 1,000만원, 나머지 범죄자 5명은 모두 집행유예를 받아서 담당 판사에 대한 비판의 목소리가 높았다. 당시 범죄자들은 모두 강릉에 거주하고 있으며 공무원과 사범대생, 회사원, 자영업자 등이다.[5]

> **형법 제305조(미성년자에 대한 간음, 추행)** ① 13세 미만의 사람에 대하여 간음 또는 추행을 한 자는 제297조, 제297조의2, 제298조, 제301조 또는 제301조의2의 예에 의한다.
> ② 13세 이상 16세 미만의 사람에 대하여 간음 또는 추행을 한 19세 이상의 자는 제297조, 제297조의2, 제298조, 제301조 또는 제301조의2의 예에 의한다.

---

5 김현정 뉴스쇼, "너 애기구나 ㅎㅎ초등학생 성매매범 집행유예라고?", 김현정의 뉴스쇼, 2023.8.9., 뉴스

현행법상 미성년자 의제강간죄는 만 19세 이상인 사람이 상대방이 만 16세 미만임을 인지하거나, 만 19세 미만인 사람이 상대방이 만 13세 미만임을 인지하고 상대방을 간음·추행하면 성립하며, 폭행·협박을 수단으로 할 것을 요하지 아니한다. 피해자의 동의가 있는 때에도 본죄의 성립에는 영향이 없다. 상호 동의 하에 이루어진 성관계, 판례 표현상 '화간(和姦)'을 처벌하는 조항인 것이다. 즉 16세 미만인 사람의 동의는 효력이 없으며, 그 성적 자기 결정권을 인정하지 않는다고 할 수 있다.

강릉 미성년자의제강간 사건 담당 판사는 양형 근거를 피해자 중 한 명과 합의했고, 다른 피해자에게는 공탁을 했으며 피고들이 피해자의 의사에 반하는 행위를 한 것은 아니라는 했다.

법은 16세 미만인 사람의 동의는 효력이 없다고 되어 있는데 담당 판사는 도대체 어떤 법의 근거로 양형이 된다는 것인지 시민들은 납득이 되지 않았다.

특히 피해학생 부모들이 반대의사를 하지 못하게 재판 직전에 공탁을 걸어 감형을 받은 것이다. 피해자가 합의를 원하지 않아도 가해자의 일방적인 공탁이 감형을 받을 수 있는 조건이라면 이것은 누구를 위한 법일까.

실제로 형사공탁특례제도가 시행되고 6개월 동안 약 천억 원이 공탁되었지만, 실제 피해자가 수령한 금액은 절반도 되지 않고, 개정공탁법이 시행된 2022년12월부터 2023년6월까지 형사재판 중 공탁이 이루어진 사건 중 양형 사유가 된 경우는 86%로, 10명 중 8명이 공탁금을 내고 감형을 받고 특히 성범죄 사건만 보면 전체 공탁 건의 75%가 감경사유로 명시돼 있었다.[6] 피해자의 수용여부의 기간을 두지 않는 형사공탁특례제도는 범죄자를 위한 법이다.

② 범죄수익에 대한 독립몰수제

전두환 손자 전우원 씨에 의해 가족비자금의혹이 세상에 알려지면서 전 재산이 27만원이라는 허무맹랑한 전두환의 답변이 회자되며 범죄수익 환수에 대한

---

6 MBC PD수첩, "피해자 두 번 죽이는 형사공탁특례제도의 현실, 감형의 기술 천사공탁", MBC, 2023.7.25.

사회적 논의가 다시 시작되었다.

현재 우리 법은 범인이 사망하거나 소재불명, 공소시효가 소멸되면 기소할수 없어 범죄수익을 몰수할 수 없다.

이런 문제점 때문에 세월호 유병언은 1,688억, 한보그룹 정태수는 횡령액 60억과 미납세금 2,100억 포함 2,160억, 전두환은 1,005억, 사기꾼 조희팔은 5조가 범죄수익임에도 회수되지 못하였다. 그리고 그 피해는 고스란히 피해자들이 떠안게 되었다. 현재 우리 형법 제49조 몰수·추징은 부가형이라 법원에서 유죄판결이 나야 범죄수익 환수가 가능한 상황이다.

우리나라는 현재 범죄수익의 환수비율이 다른 국가에 비해 현저히 낮다.

특히 디지털성범죄의 경우도 범죄수익은 특정되나 범죄인을 특정하기 어려워 공소 제기할 수 없는 경우가 있어 범죄수익은 환수되지 못하고 있다.[7] 조주빈은 여전히 범죄수익이 호환수조치되고 있지 않고 있으며, 소라넷의 경우도 범죄수익은 환수하지 못했었다. 웹하드 양진호 역시 현재 구속상태인데도 불구하고 업체에서 벌어들이는 불법성착취물로 매년 수백 억을 벌어들이고 있지만 환수조치는없다. 이렇듯 범죄수익인줄 알면서도 현재 법상 환수조치가 이루어지지 못하고있다. 이런 불법한 범죄수익을 환수하기 위해서 형사처벌 여부와 상관없이 범죄협의가 입증된 상태에서 범죄수익을 환수할 수 있는 독립몰수제 시행이 이루어져야 한다.

하지만 현재 독립몰수제를 시행하기 위해서는 형법, 형사소송법, 공무원범죄몰수법 개정이 필요한데 3년째 국회 계류 중이다.[8]

현재 독립몰수제는 미국과 독일, 호주 등 주요국에서는 이미 시행되고 있다.[9] 미국은 불법 또는 범죄와 개연성이 있는 재산을 몰수하는 민사몰수제가 있는데형사 처벌 여부와 상관없이 몰수된다. 독일 역시 기소나 유죄 판결이 없어도 몰

---

7 최석진, "기상천외한 범죄수익금 은닉 예산 인력 늘리고 독립몰수제 추진해야", 아시아경제, 2023.6.14., 사회면

8 허정원·김정민, "징역 살면 남는 장사? 인식 뜯어고친다…檢 칼 빼든 범죄수익환수", 중앙일보, 2023.8.6., 사회면

9 남정민, "사기 핀치는데…범죄수익환수는 먼 길", 한국경제, 2021.6.13., 사회면

수요건을 충족하면 몰수가 가능하다.

③ 피해자들을 위한 소송촉진법 개정

부산돌려치기 사건의 피해자가 자신의 이름과 주소 주민번호까지 피의자에게 노출되어 공포에 시달리고 있다는 기사가 나오면서 국민들은 놀라움과 분노를 같이 느꼈다. 어떻게 가해자가 피해자의 개인정보를 알게 되었을까. 그런데 이것은 형사 소송 시 가해자에게 피해자의 개인정보가 제공되는 형사배상명령제도로 형사소송의 부수절차이다. 피해자가 배상신청 시 신청서 부본을 송달할 때 신청인의 성명과 주소 등 신원을 알 수 있는 사항의 전부 또는 일부를 가리고 송달할 수 있다. 그러나 부산돌려치기 사건의 경우 피해자의 개인정보 전부가 알 수 있는 상태로 가해자에게 송달 된 것이다. 즉 결국 국가가 가해자에게 피해자의 개인정보를 제공해 준 격이 된 것이다.

형사배상제도는 민사소송 없이 형사재판에서 손해배상이 가능하도록 피해자들의 번거로움을 줄이고 빠른 피해구제를 위한 것이다. 그러나 민사소송에서는 특례제도가 없어서 성폭력사건이나 디지털 성착취 피해자들이 민사소송을 포기하는 경우가 많다. 민사사송에 특례제도를 시급히 도입할 필요가 있다. 민사소송법 제174조(직권송달의 원칙) 내지 제194조(공시송달의 요건)가 적당할 것으로 보여진다.

미국 연방민사소송규칙은 소장에 당사자의 성명을 기재하는 것을 규정하고 있지만 연방민사소송규칙 Rule5.2(e)에 근거하여 소송당사자는 자신의 프라이버시권이 사법절차의 공개성보다 우월하다는 점을 보이면 익명으로 절차를 진행할 수 있도록 하고 있다.[10] 이때 신청인은 소송과 관련하여 자신의 신원이 공표되었을 때 사회적인 낙인, 신체적인 위해, 해당 소송이 방지하고자 하는 바로 그 피해가 야기될 수 있다는 점을 입증해야 한다.[11]

---

10 사법정책연구원, "민사소송 및 집행절차에서의 개인정보보호에 관한 연구", 친구행정사사무소, 2023.6.12., 법률상식
11 사법정책연구원, "민사소송 및 집행절차에서의 개인정보보호에 관한 연구", 친구행정사사무소, 2023.6.12., 법률상식

또한 2020년 성폭력처벌과 청소년보호법 개정으로 아동·청소년 성착취물, 제작, 유포 및 불법합성물제작, 유포 범행 등이 형사배상제도 안에 신설되었으나[12] 소송촉진법에는 반영되지 않은 상태이다. 따라서 배상명령 대상을 아동·청소년 성착취물 관련 범행 등 디지털성범죄 전반으로 확대되어야 한다. 또한 배상 신청이 일부만 있는 경우에도 전부 기각이 아닌 일부 인용을 원칙으로 법률에 명시하고 피해자 신청이 없는 경우도 피해자의 의사에 반하지 않는 한 가급적 직권 배상명령을 선고하는 것이 필요하다는 것이 전문가들의 의견이다.

④ 국제공조를 위한 빠른 부다페스트 협약 체결

디지털성범죄는 온라인에서 성행한다. 온라인은 국가의 경계를 넘어선 공간이다. 디지털성범죄에 대한 법이 강화되고 있지만 여전히 수많은 N번방들이 성행하고 있고 디지털 성착취가 늘고 있는 것은 해외에 기반을 두고 있는 플랫폼들 때문이다. 국내 플랫폼은 사적대화라고 해도 범죄혐의가 인지되면 압수수색 등을 통해 증거를 확보할 수 있지만 해외에 서버를 둔 플랫폼 특히 텔레그램 같은 경우 국내 경찰의 수사력으로는 한계가 있다. 이에 국가 간 공조가 절실히 필요하다. 그러나 국가 간 공조를 위해서는 부다페스트협약(사이버범죄협약)[13]에 가입해야 한다. 이 협약은 전 세계 국가가 사이버범죄에 공동으로 대응하기 위해 만든 협약이다. 사이버범죄를 예방하고 정보를 고유하는 것이 목적이지만 사이버범죄에 대응하고 처벌하기 위한 역할도 하고 있다. [14]

현재 부다페스트 가입국은 미국, 호주, 일본 등 67개국이 현재 사이버범죄협약에 가입하여 이행입법을 자국 내에 반영하고 관련 정보를 공유하고 있다. 그러나 아쉽게도 우리나라는 이제야 가입의향서를 제출한 상태이다.

---

12 이수환, "형사사건, 배상명령제도 검토해보아야", 글로벌에픽뉴스, 2022.3.8., 정치면

13 사이버범죄협약은 일명 '부다페스트' 조약으로 알려지고 있다. 전 세계의 국가가 초국가적인 범죄인 사이버범죄에 공동으로 대응하기 위한 국제적인 협약이다. 사이버범죄를 예방하고 관련 정보를 공유하는 것이 주요 목적이지만 때로는 사이버범죄를 대응하고 범죄자를 처벌하기 위한 역할도 수행하고 있다.

14 윤해성·라광현, "사이버범죄협약(일명 부다페스트 조약) 가입을 위한 선결과제", 가천대학교 법학연구소, 2019.12.3., 법학

⑤ 딥페이크 관련규제

2022년4월부터 6월까지 전 여자친구 얼굴을 타인의 신체에 합성한 허위영상물인 딥페이크를 편집 제작하여 피해자의 휴대폰에 수회 문자를 보냈다. 가해자는 성폭력범죄의 처벌에 관한 특례법 위반·정보통신망이용촉진및정보보호등에관한법률위반 등의 혐의로 6월 대전지검에 구속 송치했다. 5월에는 사회관계망서비스(SNS)에 공개된 여성과 청소년의 프로필 사진을 타인의 알몸과 합성한 허위 영상물을 제작·유포한 피의자가 구속됐지만 불법 영상물을 본 사람들은 처벌되지 않았다. 딥페이크 시청자를 처벌할 수 있는 법적 근거가 아동·청소년의성보호에관한법률(아청법)에만 있기 때문이다. 현행법상 아동·청소년 성착취물을 구입하거나 아동·청소년 성착취물임을 알면서 이를 소지·시청한 자는 1년 이상의 징역에 처하도록 돼 있다. 반면 성인의 경우에는 제작·반포(널리 퍼뜨린)한자에 한해 5년 이하의 징역 또는 5,000만 원 이하의 벌금에 처하도록 되어 있다.

미국의 경우 각종 법안을 통해 딥페이크를 규제하고 있다. 버지니아주에서는 7월부터 딥페이크를 보복성 음란물에 포함한다는 법안을 발효했다. 이에 따라 딥페이크 제작은 1등급 경범죄로 취급돼 최대 12개월 징역 또는 벌금 2,500달러(약 298만 원)가 부과될 수 있다.[15]

영국 정부는 동의 없이 '딥페이크 포르노'나 성적인 사진을 공유하는 행위 등을 범죄로 규정해서 쉽게 처벌할 수 있도록 하는 내용을 담은 '온라인 안전법'(Online Safety Bill)을 2022년11월25일 의회에 제출했다.[16]

⑥ 디지털성범죄자 컴퓨터와 인터넷 사용 규제

2020년 성범죄 백서에 기록된 성범죄 재범률은 75%로 일반 범죄 재범률에 비해 높다. 이에 이형섭 법무부 대전보호관찰소장과 박미랑 한남대 경찰학과 교수는 한국경찰학회보에 실린 논문에서 디지털성범죄자에 대한 보호관찰 시행령

---

15 진혜민, "합성 포르노 딥페이크 피해자 25%는 한국 여성 연예인", 여성신문, 2019.10.12., 사회면
16 최윤정, "영국, 딥페이크 포르노…성적사진 유출 등 처벌 쉬워져", 연합뉴스, 2022.11.26., 국제면

에 음란물 사이트나 무작위 채팅 등을 금지한다는 내용을 담아야 한다고 주장했다. 또한 디지털성범죄 재범을 막기 위해 컴퓨터와 인터넷 사용을 제한하자는 것과 보호관찰 대상자들의 디지털 기기 등록과 모니터링 소프트웨어 설치를 의무화하자고도 말했다.[17] 하지만 등록된 기기가 아니면 인터넷 사용 규제가 어렵고 상당한 사회적 비용도 소요되는 측면이 있지만[18] 피해자 회복을 위한 사회적 비용을 생각한다면 되려 피해예방을 위한 조치로 적극적으로 고려해 볼만한 제안으로 보여진다.

미국과 영국은 디지털성범죄 전과자의 컴퓨터와 인터넷 사용을 구체적으로 규제하고 있다.

⑦ 디지털성범죄가 만연한 플랫폼에 대한 강력한 대처

미성년자를 협박해 성착취 영상을 찍어 유포하는 디지털 성착취 범죄가 또 발생했다. 일명 '엘'은 N번방을 공론화한 추적단 불꽃을 사칭해 피해자를 유인해 개인정보유출을 들먹이며 접근해 불법성착취물을 강제로 찍게 하고 텔레그램에 유포했다. 이 사건으로 N번방법이 시행됐지만 여전히 텔레그램은 성착취범들의 성지이고, 아동청소년 대상 성착취물을 소지하고 시청하는 것이 범죄라는 인식을 여전히 갖지 못하고 있음을 확인한 것이다. 그러나 무엇보다 범죄 행위가 이루어지고 있는 텔레그램에 대한 수사가 이루어지지 않는 한 디지털성범죄는 차단 할 수 없는 것 또한 확인한 것이다. N번방법이 텔레그램에는 적용되지 않기 때문이다. 그러나 브라질의 경우 브라질 연방경찰의 반복된 협조 요청에 응하지 않자 브라질 대법원이 텔레그램을 자국에서 사용할 수 없도록 하는 차단 명령을 내렸다. 그러자 텔레그램의 최고경영자가 브라질에 직접 사과하고 앞으로 경찰에 협조하겠다는 방침을 밝혔다.[19] 그러나 정작 디지털성범죄의 성지인 우리나라는 브라질처럼 텔레그램에 단호한 조치를 취하지 않았다.

---

17 김다연, "디지털성범죄 재범 막으려면 인터넷 사용 제한해야", YTN, 2023.3.14., 사회면
18 김다연, "디지털성범죄 재범 막으려면 인터넷 사용 제한해야", YTN, 2023.3.14., 사회면
19 진혜민, "디지털 성착취 N번방 악순환, 국제공조로 끊어야", 여성신문, 2022.9.9., 사회면

디지털성범죄는 SNS를 통해 이루어지는 범죄이다. 그렇다면 SNS 플랫폼에 대한 사회적 책임강화가 절대적으로 필요하다. N번방으로 인한 SNS의 책임강화를 위한 법안을 개정할 때 플랫폼들은 반발했었다. 그러나 정작 그 법이 시행되었는데도 디지털성범죄는 줄어들지 않았다.

이유는 무엇일까? 그 개정된 법이 실효성이 없거나 개정된 법으로는 디지털성착취범죄를 막지 못한다는 것이다. 즉 SNS 플랫폼에 대한 절대적 규제, 또는 절대적 책임을 묻지 않는 이상 우리 사회는 디지털성범죄를 방치하는 나라로 인식 될 것이다. 현재 디지털성범죄는 우리나라 오픈채팅방이나 국내 SNS를 통해 텔레그램으로 옮겨가는 방식이다. 우리나라 플랫폼이 그 책임을 다하고 정부에서 텔레그램에 적극적인 조치를 취해야만 디지털성범죄를 줄여 나갈 수 있다는 것을 정부가 인식하길 바란다.

사회적 감시 방안

① 화이트 해커의 필요성

인권위 연구용역을 수행한 이화여대 젠더법학연구소가 제출한 '아동·청소년 성착취 피해예방과 인권적 구제 방안 실태조사' 보고서에 따르면 디지털 성착취 범죄 특수성을 고려해 '온라인 수색' 도입을 제안했다. 즉 합법적 해킹 행위로 디지털성범죄의 주 장소인 다크앱을 수색하여 구체적인 범죄로 이행되기 전에 범죄예방차원에서 온라인 수색이 필요하다고 했다.[20] 이것과 관련해 용의자 동의 없이 통신감시라는 인권침해 우려를 표했지만, 디지털 성착취 피해자들의 무너진 삶을 되돌려본다면 용의자들의 감시는 디지털성범죄가 사회에 미치는 해악과 공공의 이익을 우선하고 피해자를 안전하게 보호하는데 일정 필요한 조치로 보여진다.

현재 독일이 범죄 예방과 수사를 목적으로 온라인 수색이 입법화되어 있다.

---

20 김승환, "아동 디지털 성착취 수사에 온라인 수색 허용 논란 어떻게 생각하십니까", 세계일보, 2022.1.4., 사회면

형법상 내란죄와 테러단체조직죄, 아동성착취물을 유포·취득·소지한 죄, 성적 자기결정권을 침해한 죄 등에 대해 범죄의 중대성이 인정되고 다른 방법으로는 수사에 상당한 어려움이 예상되는 경우에 법원의 영장을 발부받아 온라인 수색이 허용된다.[21]

② 피해자를 위한 안전하고 편한 '앱 개발' 필요

김혜정 한국성폭력상담소 소장은 "피해자가 언제든 도움을 요청할 수 있도록 하는 앱을 만들어야 할 것 같다"며 "그래야 피해자들이 낙인을 두려워하지 않고 상담을 받으러 올 것 같다"고 했다.[22] 즉 디지털 성착취를 당한 피해자들은 대인 관계에 대한 기피, 불안 등으로 인해 적극적인 행동을 하기 어렵다. 앱에는 이런 피해자의 특성을 고려해 집에서도 안전하게 상담 및 피해자지원을 위한 다양한 정보를 제공할 수 있도록 개발되어야 한다.

③ 디지털성범죄 상담원들의 정규직화와 인원확충

미국 뉴욕에 본부를 둔 국제인권단체 휴먼라이츠워치의 한국 디지털성범죄 실태 보고서에서 한국의 '디지털성범죄피해자지원센터'는 다른 국가들도 벤치마킹할만한 중요한 모델이라고 표현했다.[23] 그만큼 피해자 지원이 중요하다는 의미일 것이다. 그러나 피해자 수를 감당하기 어려운 인력현황에 대한 아쉬움을 표했고 정부 지원이 필요하다고 언급했다. 실제 디지털성범죄 피해자들이 가장 두려워하는 것은 유포이고 이것을 차단하기 위해서는 빠른 삭제 작업이 필요하다. 그런데 현재 피해자지원센터에서 삭제업무를 맡고 있는 전담자는 모두 계약직이다.[24]

삭제업무는 무엇보다 보안이 중요하다. 따라서 보안교육과 업무의 연속성이

---

21 김승환, "아동 디지털 성착취 수사에 온라인 수색 허용 논란 어떻게 생각하십니까", 세계일보, 2022.1.4., 사회면

22 진혜민, "합성 포르노 딥페이크 피해자 25%는 한국 여성 연예인" 여성신문, 2019.10.12., 사회면

23 임재우, "내 방이 무섭다...한국의 디지털성범죄 세계의 경고", 한겨레, 2021.6.16., 사회면

24 김미향, "끝 모를 성착취물 삭제...나도 촬영된건가 불안까진 못지워", 한겨레, 2021.3.15., 사회면

가장 필요한 것이다. 그런데 현재 삭제업무를 담당하는 담당자의 계약기간은 1년이다. 일정기간 한명의 피해자의 삭제업무를 지원하는데도 많은 시간이 필요하고 지속성을 가지고 피해자와 교류가 필요하기 때문에 피해자 한명의 삭제가 모두 완료될 때까지는 전담자가 바뀌어서는 안된다. 그렇기 때문에 지원센터의 전담자들의 정규직으로의 전환은 피해자들을 위해서 중요한 부분이다.

그리고 디지털성범죄 특성화센터에 2명의 상담원만 배치된 것에 대해 현실과 거리가 있는 인력배치라는 목소리가 많다. 한명이 한 번의 상담으로 끝나는 범죄가 아니고 일정기간 지속성을 가지고 피해자의 심리적 안전을 책임져야 하는 상담원들의 안정적인 채용형태는 중요한 요인이다. 우리나라에서 발생하는 디지털성범죄의 증가와 피해자 수를 고려한다면 인원보강 역시 빠르게 추진되어야 할 중요한 문제이다.

④ 성인지감수성이 부족한 사법체계에 대한 감시

사법부의 부족한 성인지감수성은 우리나라 성범죄 증가율에 중요한 요소이다. 우리나라는 예전부터 성범죄에 대한 관대함이 있어 왔다. 그리고 여전히 우리 사법부에 존재한다.

살인은 사람을 죽이는 범죄이지만, 성범죄는 살아있지만 죽은 것과 마찬가지인 극악의 고통의범죄임에도 불구하고 처벌 수위는 현저히 낮다. 또한 재범률이 가장 높은 범죄인 디지털성범죄자에 대해 국민이 이해 할 수 있는 결과보다 이해 할 수 없는 결과, 나아가 국민들의 분노를 불러오는 결과 또한 많다. 이런 결과는 성인지감수성이 부족한 판사의 판결도 문제지만 검사의 구형, 법에서 규정하는 해당범죄에 대한 처벌 조항 등 사법체계 내에는 다양한 문제 때문이다. 오래 전부터 우리 사회는 성인지감수성이 부족한 보수적인 사법체계의 변화를 요구해 왔다. 그러나 여전히 디지털성범죄자들에게 집행유예가 선고되는 경우가 많다. 예로 2023년10월6일 이균용 대법원장 후보가 인사청문회 결과 부결이 되어 35년 만에 대법관후보가 '법을 잘 모르는 대법원장'이라는 오명과 함께 낙마했다. 여러 가지 문제가 있었지만 변화하는 사회와 개정된 관련법에 대한 부족한 이해로 성범죄자에 대한 관대한 판결이 여성을 떠나 많은 국민들로부터 비판을 받았던 것이다. 비단 이런 인사청문회를 위한 검증이 아니더라도 우리 사회가 끊임없이 사법부의 판결에 관심을 갖고 국민의 법감정에서 멀어지는 판결들을 되씹는 과정들을 지속할 때 비로소 사법부의 변화를 유도할 수 있다

처벌을 강화해 범죄자 수를 늘리는 것은 사회적 손실이라는 지적이 있을 수 있다. 그러나 평생 트라우마를 가지고 살아야 하는 피해자 입장에서는 죄질이 나쁜 범죄자를 단죄하고, 더 이상 추가 피해자가 발생하지 않도록 방지하는 것이 국가의 책임이기도 하다.

2022년3월부터 10월까지 8개월 동안 경찰청사이버수사국은 디지털성범죄 집중단속을 하여 디지털성범죄 피의자 총 1,694명을 검거하였고 이 중 99명이 구속했다고 한다.

단속된 유형은 아동 성착취물 43.8%, 불법촬영물 23.2%, 불법 성영상물 21%, 허위영상물 3%로 나타났고 범죄유형별 피의자의 연령대는 아동 성찰취물 범죄의 피의자는 10·20대, 불법촬영물 범죄의 피의자는 20·30·40대, 허위영상물 범죄의 피의자는 10대, 불법 성영상물 범죄의 피의자는 20·30대가 가장 큰 비중을 차지하는 것으로 분석되었다.[25]

이 통계에서 알 수 있는 것은 피해자도 피의자도 10와 20대가 많다. 10대와 20대는 디지털에 익숙하고 생활화되어 있다. 그만큼 유해한 디지털 환경에 노출되기 쉽다는 것이다.

앞글에서도 언급됐듯이 디지털성범죄는 재범률이 가장 높은 범죄이고 우리나라는 세계적으로 아동 성착취물을 가장 많이 제작하고 유통하는 국가라는 사실이다. 디지털 성착취물로 인해 얻게 되는 수익 역시 쉽게 많은 돈을 벌어들이기 때문에 디지털 성착취는 고착화되기 쉬운 구조를 가지고 이미 디지털 성착취물 마켓이 형성되어 있어 국가에서 중점적으로 관리해야 하는 범죄이기도 하다.

이 책을 통해 디지털 성착취 피해자에게는 보호 받을 수 있는 시스템이 존재

---

25 이동재, "경찰청 사이버성폭력 집중단속 결과 1,694명 검거(구속 99명)", 뉴스포인트, 2022.11.16., 사회면

하고 있다는 사실을 알리고자 하며, 디지털 성착취 범죄자들에게는 국민들의 분노와 사법체계의 시스템이 변화한다는 사실을 알리고 싶었다. 그리고 가장 중요한 것은 무엇보다 우리 사회가 디지털 성착취 범죄자에게 사법체계에서도, 사회적 체계에서도 더 이상의 너그러움이 존재하지 못 하도록 하는 제도적 정비를 요구하고 싶어서이다.

디지털 성착취범죄자들은 공공의 이익에 현저히 저해되며, 범죄 재발방지와 예방이 필요하고, 국민의 알권리가 필요한 범죄자들이다.

더 이상 범죄자들의 신상공개에 소극적여서는 안되고 특히 범죄자에게 의견을 물어 머그샷[26] 사진을 공개할지 말지가 결정되어서는 안된다. 머그샷 공개는 국민의 알권리에 중요한 사항이다.

미국은 주마다 차이가 있긴 하지만 범죄자들에게 머그샷 사진 촬영유무를 묻지 않고 공개하며 영국 역시 신상 공개를 제한하는 법률이 없는 것으로 알려져 있다. 일본도 범죄자 신상을 폭넓게 공개하고 있고 중국 역시 강력 사건의 범죄자인 경우 체포 즉시 얼굴을 공개하고 있다.

디지털 성착취는 '익명성에 의존'한 빌런들의 추악한 범죄이다.

정부는 더 늦기 전에 디지털 성착취 범죄에 대한 심도 깊은 분석을 통해 디지털성범죄의 원인을 파악하고 범죄예방을 위한 법 개정과 정책개발을 고민해야 한다. 그리고 무엇보다 여성에 대한 존엄성과 가치를 훼손하고 왜곡시키는 디지털성범죄 예방을 위해 젠더감수성을 키울 수 있는 다양한 정책과 교육들이 10대들에게 어떻게 제공되어야 할지 방안을 모색해야 할 시점이다.

더 이상 범죄자들의 인권이 피해자 인권보다 우선될 수 없으며, 더 나아가 우리 국민들이 안전하게 살아갈 권리보다 우선시 되어서는 안된다.

우리가 살아가는 이 사회에서는 그 어떤 사람도 누군가에 의해 존엄성을 짓밟히는 일이 없길 바라는 마음을 이 책에 담아본다.

---

26 범인을 식별하기 위해 구금 과정에서 얼굴 사진을 촬영하는 것

04

누구의 관심과 분노의 시선

프라임경제 오피니언 칼럼 게재 : 2020년10월 ~ 2023년6월

여성신문 오피니언 게재 : 2020년7월 ~ 2020년10월

칼 럼

스토킹처벌법, '반의사불벌죄 폐지'에도 여전히 피해자는 '불안'

[프라임경제] 2023년6월21일 스토킹처벌법 개정안이 국회를 통과했다.

스토킹범죄의 피해자보호와 가해자처벌에 대한 재발방지의 한 축이었던 '반의사불벌죄'가 폐지된 것이다. 오랜 시간 끌어 왔던 반의사불벌죄 폐지는 진심으로 환영할 일이다.

스토킹범죄는 '열 번 찍어 안 넘어가는 나무 없다.'는 우리 속담에서 유래한 것은 아닐 텐데. 우리 사회는 남성들의 구애의 표현을 '열 번 찍어 안 넘어가는 나무 없으니 밀어 붙여보라'고 충고하곤 했다. 이 말은 오랜 기간 동안 남성들의 적극적인 구애의 표현이 됐다.

즉 우리 사회는 여성은 남성의 적극적인 구애를 언젠가는 수용하게 되는 수동적인 존재로 보았고 그래야만 했다. 그리고 우리 사회의 여성들 역시 남성들의 적극적인 구애를 '애정'과 '사랑'으로 생각했던 시절도 있었던 것이 사실이다. 그런 사회적 분위기에도 불구하고 그 시대에도 이 불편한 구애표현이 힘들고 싫었던 여성들은 분명히 존재했다. 그러나 우리 사회는 그 불편한 구애를 오랫동안 무시하며 살아왔던 것이다.

스토킹처벌법은 배우 도지원이 스토킹 피해를 입으면서 논의가 시작됐고, 1999년 제15대 국회에서 최초로 발의됐다. 하지만 더 이상의 진전을 갖지 못하고 15대 국회가 마무리 되면서 자동폐기됐다. 그때까지 스토킹은 벌금 10만원의 경범죄로 분류했었다.

그러다 2021년3월24일 형사 처벌을 할 수 있도록 개정 됐다. 그러나 스토킹범죄를 인정하는 조건이 지나치게 까다롭고 무엇보다 반의사불벌죄로 피해자 보호에 한계가 있다는 지적을 받아왔다. 그렇게 여러 명의 피해자 죽음을 경험하고서 2023년6월21일 드디어 스토킹범죄에 대한 '반의사불벌죄'가 폐지된 것이다.

개정된 스토킹처벌법은 반의사불벌죄 폐지, 가해자 위치추적전자장치 부착 신설, 온라인스토킹규정신설, 피해자가 직접 법원에 접근금지 명령청구, 긴급응급조치 위반 과태료는 형사처벌로 강화, 잠정조치 위반 시에는 징역2년 이하에서 3년으로 상향했다.

그러나 스토킹처벌법이 개정됐음에도 피해자들은 여전히 불안하다.

일단 반의사불벌죄 폐지로 강제적인 합의와 고소 취하 등에 대한 2차 피해는 사라지겠지만 형량을 예측 할 수 없고 기존 재판결과를 보았을 때 집행유예 수준의 선고가 이루어진다면 보복범죄에 여전히 노출될 우려가 있다.

그리고 가해자에 위치추적 전자장치 부착에도 불구하고 피해자는 가해자의 접근여부를 확인하지 못하기 때문에 불안감이 크다. 실제로 위치추적장치를 부착하고도 성범죄가 재발하는 경우도 있는 것처럼 피해자의 주변을 맴돌 수도 있기 때문이다. 이런 불안감을 줄이기 위해 피해자들은 가해자가 접근하면 피해자가 알 수 있도록 쌍방향 위치추적 장치를 요구하고 있는 상태이다. 물론 긴급응급조치 불이행시 형사처벌이 이루어지기는 하지만 늘 형사처벌이 이루어지기 전에 대형사고가 있어 왔기 때문이다.

마지막으로 양형기준을 구체적으로 마련해 가해자에게는 엄중한 처벌을 피해자에게는 안전한 환경을 제공하는 것이 무엇보다 중요하다.

상대의 마음과는 상관없이 나만 좋으면 된다는 이기적이고 폭력적인 사고방식이 바뀌지 않는 이상 가해자들은 '사랑', '애정'이라는 명분의 탈을 쓰고 스토킹을 지속할 것이다. 이제 더 이상 우리 사회에서는 이런 폭력적인 행위가 허락되지 않는 다는 것을 이번 개정이 가이드라인의 시작이 되길 바란다.

칼 럼

사적 제재 논란과 '모범택시'의 높은 시청률

[프라임경제] 드라마 '모범택시2'의 마지막회 시청률은 21%로 마의 시청률 20%를 넘어섰다. 이제 모범택시는 시즌3에 대한 기대와 함께 시즌제로 자리 잡았다. 사적복수대행 드라마 '모범택시'는 선과 악이 존재하는 사회에서 악을 철저하게 응징한다. 그리고 범죄자의 처절한 추락은 시청률을 끌어 올렸다.

그러나 현실은 어떠한가. 현재 우리 사회 구성원들은 피해자의 인권보다 범죄자의 인권이 우선시 되는 나라라며 웃픈 소리를 할 정도이다. 잔혹한 살인자가 머리로 커튼을 만들어 얼굴을 가려도 우리 법은 얼굴을 드러내게 강제할 수 없고, 강력범의 얼굴을 사진으로 찍은 머그샷도 범죄자들의 동의 없이는 배포할 수 없다. 뿐만 아니라 교도소의 좁은 면적으로 범죄자들의 생활공간이 좁아져 불편함이 커졌다고 기사화까지 되니 범죄자들의 생활공간까지 고려해줘야 하는 실정이다.

그러나 정작 피해자들은 어떠한가. 범죄자들의 위협에서 안전하지 못해 불안감을 안고 살아가야 한다. 미성년자 성폭행범인 조두순은 범죄 후에도 자기의 생활권을 떠나지 않았지만 그 피해자 가족은 조두순의 석방 후 이사를 하며 정신적, 경제적, 육체적인 추가 피해를 감수해야 했다. 학교폭력 피해자들이 폭력 사실을 알리면 사실적시 명예훼손으로 가해자들에게 고소장을 받고, 민사소송 시 기재하게 되어 있는 피해자의 신상정보는 고스란히 범죄자가 확인할 수 있어 '공탁제도'로 인한 2차 피해도 예견되어 있다.

'공탁제도'는 피의자가 피해자와 합의가 되지 않을 때 일정 금액을 법원에 맡겨 피해변제 노력을 증명하는 제도이다. 성범죄를 비롯한 형사소송에서는 피해자 측이 동의하지 않을 경우 가해자가 신상정보를 제공받을 수 없어 공탁이 불가능한 반면, 민사소송에서는 피해자의 동의없이 신상정보를 확보하고 공탁을 할 수 있다. 이것 때문에 성범죄 피해자들이 민사소송을 포기하는 경우도 많다. 이렇듯 피해자의 정보공개보다 가해자의 정보공개가 더 높은 벽처럼 느껴지고 그에 따른 적절한 법적 조치가 이루어졌는지에 대한 불만이 쌓이면서 피해자들의 사적 제재에 대한 고민이 깊어지고 있다.

이런 우리 사회문제를 논쟁의 탁자 위에 올려놓은 사건이 있다. 일명 '부산 돌려차기' 사건으로 표현되는 폭행사건이다. 이 사건은 일면식도 없는 20대 여성을 돌려차기로 머리를 가격해 의식을 잃게 만들고 쓰러진 상태에서도 발로 머리를 수차례 밟았다. 그리고 쓰러진 피해자를 어깨에 들쳐 업고 CCTV사각지대로 이동 후 7분 후 오피스텔을 혼자 빠져 나갔다. 피해자는 뇌신경까지 손상돼 오른쪽 다리가 마비될 수도 있다는 진단을 받을 정도의 심각한 폭행을 당했고, 해리성 기억상실장애를 앓고 있다. 그런데 복역 중인 가해자가 탈출하거나 출소하면 피해자를 죽여버리겠다는 범죄자의 복수가 알려졌다. 이로 인해 피해자는 우울증과 불안장애까지 동반하여 예전의 일상으로 온전히 돌아갈 수 없음을 예견하고 피해자는 수사기관에 가해자의 신상공개를 지속적으로 요청했으나 받아들여지지 않아 법 테두리를 넘어선 선택을 하게 된 것이다.

이에 사건사고 유튜버는 해당 사건의 가해자에 대한 신상정보를 무단으로 유포하게 되었다. 전과 18범인 가해자의 이름, 얼굴사진, 생년월일, 키, 혈액형과 신체의 특징까지 설명했다. 해당 유튜버는 법적인 문제와 보복에 대한 두려움도 있으나 피해자의 적극적인 요청에 응한 것은 나름의 공익을 고려했을 것이다. 그리고 그 영상의 조회 수는 500만회를 넘어섰다. 우려와 응원이 뒤섞인 500만 조회는 국민들의 목소리를 조회 수로 보여준 것이 아닐까.

이 사건 이전에 사적 제재에 의한 개인 신상정보로 문제가 된 사례는 있다. N 번방 사건 이후 성범죄자 신상공개를 170여 차례 업로드 했지만 정확한 검증 절차를 거치지 않았던 사이트 디지털교도소. 이에 가해자로 지목된 대학생이 본인의 개인정보를 삭제해 줄 것을 요청을 했지만 받아들여지지 않자 억울함을 호소하고 자살하면서 운영자가 검거되었다. 현재 사이트는 차단됐다.

그리고 양육비 미지급을 한 부모들의 신상을 공개한 '배드파더스'는 신상공개에 대해 재판부도 위법성을 인정하면서도 아이들의 생존권과 관계된 공적사안으로 판단해 1심 무죄, 2심 벌금100만원형 선고 유예, 현재는 대법원 판단을 기다리고 있다. 그리고 올해 최고의 이슈인 전세금 사기사건으로 인해 나쁜 집주인의 신상을 공개한 사이트가 등장하였고 주택도시보증공사(HUG) 역시 '안심전세앱'을 통해 악성임대인의 정보를 9월부터 제공하게 된다.

국가가 국민을 안전하게 보호하고 범죄자에게 단호한 법 집행을 하고 있다고 판단되지 않는 한 앞으로 이런 사적 게재에 의한 범죄자들의 개인신상공개는 더 늘어날 것으로 예상된다.

신상공개의 조건은
1. 범행수단이 잔인하고 중대한 피해가 발생한 특정강력범죄사건일 것
2. 피의자가 그 죄를 범하였다고 믿을 만한 충분한 증거가 있을 것
3. 국민의 알권리 보장, 피의자의 재범방지 및 범죄예방 등 오로지 공공의 이익을 위하여 필요한 것
4. 피의자가 「청소년 보호법」 제2조 제1호의 청소년에 해당하지 아니할 것

위 신상공개조건으로 미뤄볼 때 '부산 돌려치기 범죄자'는 4가지 모두 포함된다. 현재는 위법성을 가진 신상공개로 인해 국민들이 우려와 지지라는 상반된 두가지 마음을 모두 갖게 되었지만, 현실에서도 드라마에서 볼 수 있었던 명쾌한 범죄자에 대한 조치가 이루어진다면 국민들은 더 깊은 신뢰로 수사기관을 바라보게 될 것이다. 그리고 무엇보다 문제가 파악되어 관련법 개정안을 발의하고도 다른 정치적 사안에 밀려 시간이 지나면 조용히 폐기되어 버리는 많은 피해자 보호 관련법들이 더 이상 회기마다 폐기를 반복하는 일이 없어야 한다.

'노키즈존'보다 더 시급한 보호 받지 못하는 우리 사회 아이들

[프라임경제] 5월4일 용혜인 의원에 의해 잊혀가던, 아니 정착된 노키즈존이 다시 논쟁의 중심에 올랐다. 용 의원은 "노키즈 대한민국이 '퍼스트 키즈' 대한민 국으로 변화해야 한다"고 했다. 맞다. 우리 아이들에게 '퍼스트 키즈' 대한민국이 필요하다. 그리고 그렇게 변화해야 하고, 국가정책 방향과 사회 인식도 그 방향 으로 가야 한다.

현재 한국은 저출산을 넘어 초저출산 국가에 접어들었다. 국제사회에서도 한 국의 출산율을 우려하고 있을 만큼 심각한 수준이기 때문이다. 즉 아이들 한 명 한 명 소중히 이 사회가 키워야 하고 이 땅에서 태어난 아이들도 모두 도태되지 않고 보호받으며 자라야 한다. 그러나 사회 현상이 발생하면 그 발생의 원인이 분명히 있고 이유를 먼저 알아야 한다.

노키즈존의 계기는 2011년 한 식당에서 뜨거운 물이 담긴 그릇을 들고 가던 종업원과 부딪힌 10세 어린이가 화상을 입으면서 업주와 종업원에게 배상 판결 이 내려지면서다. 법원은 10세 어린이 부모에게 30%, 업주와 종업원에게 70% 책임이 있다고 판결했다. 그 후 우리 사회에 '노키즈존'이 조심스럽게 생겨나기 시작했다.

당시 노키즈존과 함께 언급된 단어는 '맘충'이었다. 카페에서 아이들의 똥 기저 귀를 갈고 아무렇지 않게 던져 놓고 나간 부모, 카페에서 식당에서 뛰어다니며 소 리를 질러도 아무런 제재를 하지 않는 부모, 식당에서 기어 다니며 종업원들을 아 슬아슬하게 만들지만 아무 조치 없이 식사하던 부모, 심지어 커피숍 컵에 남자아 이의 오줌을 받아 옆에 놓아둔 부모 등의 태도에 대해 불만을 내비치기 시작했다.

무분별한 아이들의 행동을 자제시키지 않는 그 부모들의 태도로 인해 보는 사람도 아이들을 접하는 종업원들도 불안하고 불쾌한 많은 경험이 커뮤니티에 올라오면서 '맘충'이라는 혐오단어도 생겨났다. 즉 '노키즈존'은 아이들 때문이 아닌 무분별하고 비상식적인 행동을 하는 부모들 때문에 생겨난 단어라고 보는 것이 맞다. 아이들이 자제력이 없다는 건 어른들은 다 알고 있다. 다만 자제력 없는 아이들을 대하는 부모의 모습에 다른 시선을 보내게 되는 것이다.

필자가 장시간 비행기를 탔던 날 앞자리에 이제 갓 돌이 넘은 아이가 탔다. 비행기가 이륙하고 아이는 울기 시작했다. 아이의 부모는 당황하며 아이의 울음을 멈추게 하려고 노력했지만, 쉽게 해결되지 않았다. 아이의 부모는 비행기 통로를 다니며 아이를 달래고 재우려 노력했다.

누구라도 불편하고 짜증이 날 상황이지만, 아이 부모의 노력을 본 승객들은 아이가 다시 울어도 짜증 내지 않았던 것을 지켜봤다. 승객들 그 나이의 아이가 부모 마음대로 되지 않는다는 것을 알고 무엇보다 승객들에게 피해를 주지 않기 위해 노력하는 모습을 인정해서라고 생각한다.

아이들은 자제력을 부모로부터 배우게 된다. 공공질서도 기다림도 기본적으로 배워야 할 교육은 부모의 몫이다. 그런데 그 부모의 몫을 하지 않는 무분별한 부모들의 모습이 노키즈존을 불러왔다. 그러나 우리 사회에 비상식적인 부모보다 타인을 이해하고 배려하는 성숙한 부모들이 많아서 '노키즈존'에 대한 논의는 다시 시작할 필요는 있다고 생각한다. 특히 공공기관의 16세 이하 출입 금지에 대한 부분은 동의한다. 공공기관이라는 것은 개인의 업장과는 다른 공간으로 대한민국 국민이라면 누구나 입장 가능해야 한다.

노키즈존을 논할 수 있는 부모를 둔 아이들은 그래도 행복한 아이들이다. 어린이날이지만 그날마저 일하러 나가야 하는 노동자를 부모로 둔 아이들, 부모가 없는 아이들, 학대받는 아이들에게 어린이날은 그저 다른 날과 다를 것도 없는 슬픈 날이다.

우리 사회에서 아동학대는 매년 증가하고 있고 디지털 성착취의 피해 연령이 점점 어려지고 있다. 디지털 성착취 피해자 연령이 평균 14.2세라는 것은 국제사회에서도 심각하게 바라보고 있는 수준이다.

해외로 입양되는 아이들은 2020년 기준 한국이 국제입양국 3위이다. 1위 중국과 인구 대비 비교한다면 중국은 천 명당 0.14명이지만 한국은 0.99명으로 국제입양국 1위 중국보다 7배나 높은 수치이다. 저출산국인 우리나라에서 태어난 아이들을 우리 사회가 품지 않고 외국으로 보내지고 있다.

매년 3천여 명의 보호 종료 아동들은 60% 이상 기초생활보장 수급자로 살아가야 하고, 정부에서 지급해주는 500만 원으로 혼자서 자립을 준비해야 한다. 부모의 학대로 보호조치 아동이 되는 비율은 2021년 기준 48.3%이며 베이비박스에 유기된 아동의 97%가 보호시설로 보내지고 있다. 한국에서 2010년부터 2020년까지 10년간 베이비박스에 버려진 아이들은 2천595명에 달한다.

우리 사회에 어린이날의 존재도 알지 못하고 하루를 보내는 아이들이 많다는 것이다. 어린이날은 이 땅에 존재하는 아이들이 하루라도 행복하길 바라는 마음으로 공휴일이 되었다. 그러나 어린이날에도 여전히 상처받고 외롭게 하루를 보내는 아이들이 많다.

5월 4일 두 살 아이를 안고 '노키즈존 폐지'를 말하는 엄마보다 어린이날마저도 소외되고 상처받는 이 땅의 많은 아이를 보호할 제도의 문제점과 변화를 말하는 국회의원을 국민은 원하지 않을까?

칼 럼

어린이날, 우리 사회는 아이들에게 안전한 대한민국을 안겨줬을까?

[프라임경제] "73명의 미성년 피해자, 미성년 성착취물 3,200개 이상 제작·미성년자 2명 성폭행·유포물 피해자 3명 협박·범죄 기간 4년…형량은 '고작 16년'."

재판부는 채팅앱을 통해 청소년들에게 접근해 디지털 성착취 범죄를 저지른 전 육군 장교에게 16년 형을 선고했다. 73명의 미성년자를 상대로 디지털 성착취물을 무려 3,200개 이상을 제작하고 16세 미만 미성년자 2명을 성폭행했다. 그리고 제작한 디지털 성착취물을 빌미로 3명의 피해자에게 협박까지 하며 4년 동안 범죄를 지속한 이 범죄자에게 선고된 형량은 '고작 16년'이다.

이때 떠오르는 말이 있다. '만약 미국이었다면…'

미국은 미성년자 성착취물을 소지만 해도 5년 10개월이다. 73명의 피해자와 미성년자 2명을 성폭행까지 했다면 당연히 범죄자 얼굴 공개가 함께 이루어졌을 것이고 종신형을 당연했을 것이다. 이렇듯 미국의 소지 혐의로만 계산해 봐도 최소 400년의 형을 받게 될 범죄자가 우리나라에서는 다수의 피해자에게 온갖 성범죄를 짓고도 고작 16년형을 '조용히' 받았다.

그래서 우리는 늘 이런 빈약한 형량을 들을 때마다 '미국이었다면…'을 내뱉게 된다. 이것은 국가별 법과 제도를 떠나 양형 기준을 마련하는 사회적 분위기와 이를 가능케 하는 모든 여건이 아직도 우리나라가 선진국이 아님을 성토하는 것이다.

2022년 경찰청 자료에 따르면 불법촬영물 검거율이 2020년 80.5%, 2021년 73.3%, 2022년 8월까지 64.3%로 점점 줄어들고 있다. 또한 여성가족부 2022년 보고서 자료를 보면 아동·청소년을 대상으로 한 성착취물 제작·판매·소지 등의 피해자는 2021년보다 79.6% 증가했다고 한다. 즉, 범죄는 증가하고 검거율은 낮아졌다.

이 같은 상황에서 재판부는 이런 범죄자에게 피해회복을 위해 공탁을 한 점과 초범이라는 점을 내세워 양형했다.

그러나 피해자가 동의하지 않은 공탁이 피해자를 위한 피해회복을 위한 노력으로 볼 수 있을까? 또한 처벌 전력이 없었던 것이 과연 양형의 이유가 되어야 할까? 범죄 기간 4년·피해자는 무려 73명이다. 그런데 처벌 전력을 운운하며 양형을 받았다.

디지털성범죄는 드러나지 않고 반복되는 범죄이다. 즉 전과의 유무로 결정되기엔 그 횟수와 피해자가 많다는 것이다. 또한 여러 가지 범죄행위가 추가되었기에 다른 일반적인 범죄처럼 초범이 양형의 이유로 거론되기엔 부적합하다는 것이다.

그러나 재판부는 디지털성범죄의 무거움을 분명히 알고 있었다. 재판부는 디지털성범죄는 촬영 영상을 완벽하게 삭제하는 것이 쉽지 않고 언제라도 쉽게 복제·생성될 수 있어 죄질이 나쁘다고 판시했다.

정확하게 디지털성범죄의 문제를 짚었다. 영상을 완벽하게 삭제하기 어렵고 쉽게 복제·생성이 가능하기에 영원히 피해자들은 그 굴레에서 벗어나기 힘들다. 그러나 문제는 재판부가 답이 맞았는지에 대해서는 이 사회가 동그라미 대신 빨간펜을 잡은 것이다.

미성년자인 피해자들은 18년도 채 살지 않았다. 100세 시대인 지금 피해자들은 언제 자신들의 모습이 담긴 불법촬영물이 재생산될지 두려움에 떨며 수십 년을 살아갈 것이고 극단적 선택을 하게 될 우려도 감출 수 없다.

실제로 디지털성범죄로 인한 피해자들의 자살률이 높다. 그러나 성착취 피해자들이 드러나길 원치 않아 그 통계는 정확히 잡을 수도 없다. 이렇게 피해자들은 고통스러운 나날을 보낼 텐데, 범죄자는 16년 후 당당히 이 사회의 일원이 된다는 것이 과연 합당한 것일까?

미국에서는 아동을 성적으로 이용하는 행위로부터 보호하기 위해 법을 상세

하게 만들어 법관과 검사의 재량을 줄였다고 한다. 예를 들면 단순 소지의 경우 기본 형량 범위가 41개월에서 51개월로 정해져 있고 피해 아동의 나이 인터넷 유통·유포 여부·영상의 개수 등에 따라 형을 더하도록 하고 있다. 또한 용어 사용과 처벌 규정에서 '불법 촬영'과 '불법 유포'를 구별해 각각의 행위를 구체적으로 규정했다.

영국의 경우 양형기준법을 새로 만들어 양형 합리화를 위해 노력하고 있고 가해자 처벌외 피해 차단을 위해 게시물 삭제가 중요하다고 판단해 법원 금지명령에 의한 영구삭제 명령을 명문화했다.

또한 민사상 피해자 구제제도 중 동의받지 않은 성적영상물의 유포는 개인의 사적 정보 남용으로 불법행위에 기한 손해배상을 받을 수 있다. 북아일랜드의 경우도 민사상의 구제 수단으로 불법행위법상의 손해배상책임을 제시하고 있다.

영국 학대 금지법에서도 법률 위반 행위에 대한 손해배상 및 피해자가 학대로 인해 정신적 고통을 받았고 그로 인한 경제적 손실이 있으면 배상금을 받을 수 있는 것으로 규정한다. 그리고 개인적인 성적사진이나 필름·동영상 파일 등의 유출을 막거나 형사 기소에서의 증거 수집을 위한 법원의 금지명령을 얻는 것도 가능하다.

이처럼 여러 국가들이 디지털성범죄로부터 아동을 보호하고 범죄자들에 대한 적극적인 조치로 범죄율을 낮추기 위해 노력하고 있다.

곧 5월5일 어린이날이다. 이제부터라도 빈약한 법·제도가 아동·청소년들에게 행해지는 범죄율을 더 높이고 있는 것은 아닌지 우리 사회는 깊이 있는 논의를 해야 하지 않을까.

육아휴직이 '여전히' 죄가 되는 대한민국

[프라임경제] 네이버에 재직했던 워킹맘의 극단적인 선택이 뒤늦게 알려지면서 우리 사회에 다시 한 번 여성의 사회활동과 양육에 대한 화두가 던져졌다.

사회가 변화했다고 이야기하지만, 여성들의 출산과 육아, 양육에 대한 사회적 공감대는 여전히 미흡하다. 출산휴가, 육아휴직, 양육과정 전반에 남성들의 참여는 현저히 부족하고 여성들에게 할당되는 아이들에 대한 다양한 생애주기별 노동은 고스란히 여성들의 몫이기 때문이다.

육아는 여성이 아닌 인간으로서 행해지는 노동 중 희생과 정성이 가장 필요한 일이다.

아이를 키운다는 것은 심리적, 경제적, 육체적인 모든 노력과 고통이 수반되는 일이기 때문이다. 그러나 동료 그리고 조직, 더 나아가 이 사회에서 여성들의 돌봄 노동은 인정받지 못하고 있다. 이런 부재한 인식이 법적 근거가 마련되어 있음에도 육아휴직과 양육에 대한 부정적인 인식을 키워왔던 것이다. 그리고 이런 인식은 전 세계적으로 유례없는 초저출산 국가로 한국의 이름을 올리게 되었다.

여성들에게 부과되는 일과 양육에 대한 부담은 결혼기피현상과 더불어 출산기피현상으로 연결되고 있다. 출산으로 인해 여성이 감수해야 하는 부당함이 크기 때문이다. 한국 사회의 여성의 학력은 선진국에 뒤지지 않을 만큼 고학력이다. 고학력에 따른 사회 진출은 자연스럽게 여겨지고 있으나 결혼과 출산으로 인해 경력단절과 뒤처지는 승진, 조직 내 도태는 여성들에게 부담을 넘어 불합리한 상황이다.

우리 사회는 양육으로 인한 조직 내 불편함은 진행형인 것이다. 그 불편한 진행형은 누구의 책임일까? 극단적 선택을 한 네이버 직원의 말처럼 육아휴직은 죄인 것인가?

법적으로 출산휴가와 육아휴직는 보장되어 있다. 그럼에도 불구하고 출산휴가, 육아휴직을 법에 보장된 대로 활용할 수 없는 이유는 완벽한 대체인력이 배치되지 않는 이상 주변 동료에게 부담이 가중되기 때문이다. 그래서 육아휴직을 하는 당사자도 그 당사자의 동료들도 부담스럽긴 마찬가지인 것이다. 또한 법적인 근거로 육아휴직을 인정받고자 하지만 그것을 지키지 않는 기업에 대한 정부의 조치 역시 부실한 탓이다.

법에 따라 출산휴가를 부여하지 않은 사용자는 2년 이하 징역 또는 2,000만원의 벌금, 육아휴직을 부여하지 않은 경우 500만원 이하의 벌금이 처해지고, 육아휴직을 이유로 불리한 처우를 하는 경우에는 3년 이하의 징역 또는 3,000만원이하의 벌금형에 처해진다. 그러나 현장에서는 문제가 발생해도 적절한 법 집행이 이루어지지 않고 있다. 실제로 2022년 고용부가 996개 사업장을 대상으로 실시한 직장 내 성차별 방지를 위한 스마트 근로감독 결과를 보면 위반건수는 4,362건에 달하지만 이중 22건만 과태료 처분을 받았고 단 1건만 사법처리되었다.

이게 우리 사회의 현실인 것이다.

육아휴직에 대한 조직 내 갈등은 결국 직원 간 불협화음으로 연결되고 결국조직 내 따돌림으로 변질된다는 것을 네이버 여직원이 극단적인 선택을 통해 알수 있다. 육아휴직은 당사자의 권리가 아닌 주변 동료의 희생이 전제되어야 한다는 인식이 아직도 우리 사회를 지배하기 때문이다.

우리 사회의 인식이 변하지 않는 이상 우리는 이런 죽음들을 어렵지 않게 보게 될 지도 모른다. 우리나라는 대통령직속으로 저출산·고령화 위원회를 설치하고, 출산율을 높이기 위한 다양한 정책을 시행하고 있다. 이와 함께 지자체에서도 정부 정책과 별개로 파격적인 제도를 도입하고 있다. 그러나 정작 출산율은 높이지 못하고 있다. 현재 상태가 유지 된다면 2075년에는 경제적 규모가 필리핀보다도 작아 질 것이라고 우려하고 있다. 정책과 제도의 문제가 아니다.

우리 사회를 이끌어 갈 젊은 MZ세대들에게 결혼은 필수가 아닌 선택이 된 지오래다. 출산 또한 그렇다. 그들이 당연시 되어 왔던 결혼과 출산을 선택으로 바꾼 것은 다변화된 사회의 영향도 있겠지만 우리 사회가 출산과 양육에 대한 책임을 개인에게만 지어주기 때문이다. 이제 자녀가 두 명만 되어도 다자녀로 표현하는 시대가 되었다. '꼰대'라고 불리는 기성세대가 변화를 이끌어내지 못하면 우리 사회는 국가로서의 기능을 상실하는데 직면하게 될 것이다,

이런 우려가 현실이 되는 것을 막을 수 있는 것은 여성들의 사회 참여를 적극 독려하고 지원하는 것으로만 해결할 수 없다. 지원의 실효성을 높여야 하고, 사회의 인식 전환도 수반되어야 한다. 이를 위해 육아와 양육에 대한 여성들의 부담을 줄일 수 있도록 법 제도의 적극적인 조치와 부족한 정책에 대한 보완책을 마련해야 한다. 그리고 무엇보다 출산과 양육의 책임이 여성에게만 부여되는 현 사회 구조를 변화하는데 이 사회 구성원들의 적극적인 참여만이 가능하다.

특히 법과 제도가 마련되었다고 저출산, 육아 문제가 해결될 수 있다는 일차원적인 생각의 전환이 필요하다. 그렇지 않고서는 육아휴직이 동료에게 피해를 주는 '죄'가 되는 현실을 바꿀 수 없기 때문이다. 법과 제도뿐만 아니라 공공과 민간이 함께 머리를 맞대도 진정으로 실효성 있는 대책을 만들어나가야 할 시점이다. 더 이상 늦추면 국가경쟁력을 더 높이는 기회도 상실되고, 국가를 구성하는 기본요소인 국민 감소를 방지할 타이밍도 놓칠 것이기 때문이다.

칼 럼

현실판 학교폭력, '더글로리'에서만 가능한 피해자 복수

[프라임경제] 경찰을 지휘하는 국가수사본부장으로 취임하기 하루 전 사의를 표명한 정순신 변호사. 그의 사임과 임용취소 이유는 아들의 학교폭력 때문이었다.

물론 학교폭력 가해자인 아들이 원인이긴 했지만 그 이후 학교폭력위원회의 결정을 미루며 대법원까지 갔던 긴 시간의 싸움을 가해자 부모인 정순신 변호사가 이어 갔다는 사실이 알려지면서 국민들의 분노를 더 자극했다. 그 긴 법정 싸움의 결과로 학교폭력 가해자인 정순신 아들은 수개월 동안 피해자를 괴롭히고도 서울대에 입학했고, 피해자는 학업을 지속할 수 없을 만큼 피폐한 시간을 보내야 했다.

정순신 아들의 스토리야말로 영화에 주로 등장하던 학교폭력 가해자들의 전형인 캐릭터이자 스케일이다. 학교폭력 가해자들(가족포함)의 행태는 더글로리를 그대로 옮겨 놓은듯 하지만 피해자들의 현실은 드라마처럼 시원하지 못하다.

사태 후 가해자가 긴 시간 동안 법적인 싸움을 하지 못하도록 법을 개정하자는 움직임이 있으나 그건 얼마나 효과가 있을지, 필자는 기대가 없다.

기본적으로 학교폭력심의위는 학생선도라는 명분하에 징계보다는 계도에 목적을 두고 있다. 그럼에도 지우개 한 개가 책상에 넘어 갔다는 이유만으로 학교폭력심의위원회가 열리는 시대다.

정순신 아들 학교폭력사건으로 정부는 대대적으로 제2의 정순신 아들을 만들지 못하도록 법 개정을 한다고 해 대책을 보고자 했다. 현실적인 대책을 내놓을까? 역시나 대책이 또 대책으로만 남는 건 아닐까 하는 우려도 생긴다.

학교폭력은 단순한 듯 하면서도 굉장히 복잡하다. 피해자와 가해자가 명확할 때는 피해자의 외적폭력에서부터 심리적 폭력까지 판단되어야 하고, 쌍방폭력의 경우 누가 먼저 어떤 방식으로 가해를 했는지 또한, 가해를 방어하기 위해 어떻게 쌍방 가해를 했는지 그것을 모두 명확하게 파악되어야 한다. 그러나 파악이 되었다하여도 현실에서는 그 모든 것들이 원칙적으로 적용되지 못한다.

남자 중학교에서 반 교체 수업으로 다른 반으로 간 A는 책상에 책을 먼저 두고 잠시 자리를 비운 후 돌아와 보니 그 책상에 B 학생이 앉아 있었다. A는 자신의 책이라고 자리를 비껴주길 요청하였으나 B는 자리를 비켜주지 않았고 전학생인 A에게 "찐따라서 전학 당했냐는" B의 빈정거림을 들어야 했다. A는 B의 교과를 밀쳤고 B는 A의 뺨을 때렸다. A는 결국 참지 못하고 B를 주먹으로 얼굴을 치면서 싸움이 됐다. B는 안와골절이 되어 전치 4주의 상해진단을 받았다. 그 자리에는 40여명이 넘는 학생들이 있었다. 학생들은 A에게 쌍방폭력이니 너무 걱정하지 말라고 했지만 결과는 A는 출석정지 5일, B는 심리치료, 요양이 결정되었다. 그 결정에 놀라워 한 사람은 그 과정을 지켜보았던 학생들이었다.

그 상황을 본 학생들은 억울한 쌍방폭행, 그 자리에 없던 학폭위위원들은 일방폭행으로 출석정지 5일.

남고생 A가 학교 근처에서 담배를 피우다 빤히 쳐다보는 B를 향해 왜 쳐다보냐고 물었고 B는 재미있게 생겨서 쳐다봤다고 히죽거렸다. 그리고 B는 패드립을 했고 A는 패드립을 들으며 말싸움을 주고받는 중 B 친구 C가 A의 바로 얼굴 앞에 담배 연기를 내뿜었다. A의 친구들은 2명, B의 친구들은 5명이었다. 서로 그렇게 기 싸움을 하던 중 싸우자는 동의에 A는 응했고 2~3대 주먹으로 휘두른 후 C는 A의 머리를 가격하고 얼굴을 무릎으로 때려 의식을 잃어가는 A의 몸에 올라타 주먹으로 얼굴을 가격하여 전치 6주의 상해를 입혔다. 그 과정에 B, C 친구들이 "엘보로 얼굴을 쳐라", "배를 쳐라" 하며 소리친 것을 A가 들어 관련 진술하였다.

학교폭력위 진술에서 B, C의 친구이지만 그 상황에서 떨어져 있던 D가 학폭위에서 "엘보로 얼굴을 쳐라"는 말은 들었다고 진술하였으나 그게 누구의 목소리인지는 모르겠다고 답했다. 누군가는 폭력을 지시했지만, 누가 그 말을 했는지 명확하지 않기 때문에 폭력을 지시하고 그 폭력행위를 방관한 나머지 학생들에게는 징계없음으로 마무리되었다.

이게 현재 우리 학교폭력위원회에서 심의되는 결과들이다. 이렇듯 복잡하고 다양한 형태의 학교폭력을 최소화하기 위해서는 법을 개정하는 것보다 우리 사회가 갖는 폭력에 대한 민감함 또한 그 폭력이 방치·방관되는 사회적 분위기가 더 큰 문제라는 것. 그리고 무엇보다 가해자 조치는 피해자 보호를 위한 수단 중 하나로 보아야 한다는 것이다.

정순신 아들의 학교폭력 사례처럼 가해자의 지속적인 괴롭힘일 경우 더욱 그렇다. 피해자 보호를 위해 일단 가해자와의 분리가 우선이 되고, 그 이후 징계가 이루어진다면 긴 법정 싸움이 있더라도 피해자는 가해자와 한 공간에 있지 않기 때문에 버틸 수 있게 된다.

즉 '지속성이 확인된 폭력 가해자'에 대해서는 피해자 보호를 위해 사건인지 즉시 '가해자 분리 의무(학폭위 심의결정이 되기 전 학교등교제한 후 전학조치: 등교는 하지 않아도 가정 내 자율수업으로 대체)'를 개정안에 포함시키기를 바란다. 이처럼 피해자 보호를 위한 명확한 규정 없이는 법에 익숙한 법조인들은 또 다른 법의 맹점을 찾아 가해자들을 변호하게 될 것으로 보인다.

학교폭력은 이제 어른들의 싸움이 되었다. 그래서 보다 명확한 피해자 보호 조치 없이는 '제2의 정순신 아들 학폭사건'을 우리는 또 보게 될 것이다.

칼 럼
추악한 어른들의 놀이터 'SNS'
카카오톡은 모집책, 텔레그램은 제작·배포…그리고 어른들의 추한 성착취

[프라임경제] 2023년2월2일(현지시각) 러시아인들이 전쟁 중 우크라이나 어린이들을 강제로 러시아로 데려가 아동포르노 제작자에게 팔아 넘겼다고 우크라이나 인권위원이 고발한 기사가 나왔다.

아이의 나이는 7~8세로 추정되며 포르노물 제작에게 25만루블 우리나라 돈으로 430만원을 요구했다는 것이다. 아동 성착취물 제작은 전 세계적으로도 활개치고 있는 추악한 어른들의 비정상적인 범법행위이다.

추악한 행위에 소모품이 되고 있는 아이들의 성착취물은 코로나19로 인한 봉쇄 후 SNS플랫폼의 증가로 10배가 증가했다는 영국 인터넷감시재단(IWF) 측 자료가 발표됐다. 즉, SNS플랫폼 수의 증가는 아동 성착취물 증가와 비례했다는 결론.

아동 성착취물의 문제는 비단 어제 오늘 일이 아니다. 전 세계가 아동 성착취물 차단에 노력하고 있지만 노력하는 것만큼 범법자들의 다양한 범죄방식의 진화로 차단은 쉽지 않다.

더구나 디지털 시대는 범죄자들의 더 큰 놀이터가 되었다. 우리가 쉽게 사용하고 일상적으로 이용되는 SNS 발전은 이제 그 만큼 쉽게 성착취물 제작. 유포. 판매 범죄에 이용되는 도구가 되었기 때문이다.

가장 안전하다는 내 집, 더구나 아이 침대에서까지 자연스럽게 이루어지는 아동 성착취범들의 추악함은 SNS가 중요한 역할을 하고 있고 그것을 막아설 이 사회의 대안이 아직 없다는 것은 무엇을 의미하는 것일까?

실제 우리나라는 N번방사건 이후 N번방법을 마련했다. 성폭력범죄의 처벌 등에 관한 특례법 일부개정안, 형법 일부개정안, 범죄수익은닉의 규제 및 처벌 등에 관한 법률 일부 개정안, 전기통신사업법 일부개정안, 아동·청소년의 성보호에 관한 법률 일부 개정하였고 특히 전기통신사업법 개정안에 기술적 관리적 조치 내용이 포함되었지만 여전히 아동 성착취물은 제작. 배포되고 있다. 더 중요한 것은 디지털성범죄의 온상인 '텔레그램'마저도 법적 대상이 아니라는 것이다.

많은 법을 개정하였지만 막지 못하는 아동 성 착취물 대부분은 SNS를 통해 제작·유포·구매되고 있다. SNS플랫폼이 아동 성착취물의 중심이라는 것.

텔레그램인 경우 '개인정보보호'를 이유로 아동 성착취물에 대한 어떠한 범죄행위 조치에 응하지 않고 있다.

현재 텔레그램은 누가 어디서 관리·운영을 하는지 정확히 알려지지 않고 있다고 한다. 추측만으로 대략적인 지역만 언급될 뿐 정확한 정보는 알려지지 않고 있다.

우리나라도 아동 성착취 사례를 보면 카카오톡 오픈채팅방이나 카카오톡 주소로 유인되고 있으며 유인된 아동들은 텔레그램으로 옮겨져 성착취를 당하는 형태이다. 초등학생들이 주로 있는 오픈채팅방에 들어가 초등학생들을 유인해 개인적인 성적인 행위들을 유도하기도 하고 텔레그램으로 유도하는 행위가 지속되고 있지만, 그 역시 걸러내지 못하고 있다. 'N번방'법의 한계는 현재 채팅방에 동영상을 올리는 것이 대상이고 1:1 오픈 채팅은 적용 대상이 아니기 때문이다. 개정안에 쓰여진 '기술적 관리적 조치의 의무'라는 문구가 민망해진다.

우리 사회에는 아동들의 안전한 성장과 보호를 위해 국제사회가 협약한 국제인권조약이 있다. 유엔아동권리협약은 1989년에 만들어진 국제인권조약이며 196개국이 아동권리조약을 비준하였고, 국제협약으로 가장 많은 비준국가를 보유한 국제인권법이기도 하다.

아동 성착취물 제작을 위한 러시아인의 범법행위에 대한 빠른 조치들과 더불어 우리나라 역시 아동 성착취물에 대한 보다 적극적인 조치를 요구하고자 한다.

특히 아동 성착취물의 생산·배포·유통·판매·소지의 중추적인 역할을 하

고 있는 SNS에 대한 사회적 책임과 더불어 제도적 보완의 시급함, 무엇보다 개인정
보보호를 내세우며 해악한 아동 성 범죄자들에게 불법범죄놀이터를 제공하는 텔레
그램에 대한 국제사회의 다각적인 논의와 방안책이 시급함을 전하고자 한다.

칼 럼

반면교사(反面教師)가 필요한 '지금'

[프라임경제] 6·29 선언 이후 민주주의가 확립되고 사회 많은 분야에서 절차적 민주주의는 시행되고 있지만, 내용적 민주주의는 아직도 요원한 상태이다. 특히 정치결사체 모임인 정당 내 민주주의는 국회와 정치권 전체 민주주의의 근간이 되어야 하지만 현실은 그렇지 못하다.

현재 국민의힘은 당대표선출을 앞두고 후보선출 과정에 여러 가지 논란을 일으키고 있다. 특정 후보를 지원하기 위해 당헌당규를 개정하고 출마를 하고자 하는 후보에게 출마를 저지하는 사태가 벌어졌다. 그보다 더 중요한 것은 대통령이 여당 당대표 선출에 대놓고 선거개입을 하고 있어 국민의 시선에서는 '윤심'이 '흑심'으로 보인다.

이번 국민의힘 전당대회는 전혀 민주적이지 않고 공정하지 않다. 그리고 무엇보다 굉장히 폭력적인 방식으로 진행되고 있다는 것이 큰 문제이다.

여당 당대표선거에 핵심처럼 등장하는 '윤심'이라는 단어는 당내 정치인들을 근윤(친윤)과 멀윤(비윤)이라는 적대관계를 형성하도록 하고 있다.

또, 지지율이 높은 후보에 대한 지나친 경계와 반대를 거침없이 내뱉으며 피선거권마저 빼앗았고 당내 많은 의원은 '윤심'을 따르듯 해당 후보에 대한 적대감을 그대로 표현하고 출마를 비판하는 성명을 내는 등 비민주적인 행위를 입법부에서 서슴없이 하고 있기 때문이다. '윤심'이 당대표 선거에서 갈등을 조장하고 폭력을 주도하고 있는 것. 학교였다면 학교폭력의 주범이고 직장이었다면 직장 내 괴롭힘의 주동에 해당한다.

윤 대통령은 법과 원칙, 공정과 상식을 자주 언급해왔다. 현재 여당의 당대표 선출 과정이 본인이 언급한 법과 원칙, 공정과 상식에 의해 진행되고 있다고 생각하는 것일까?

초등학교 선거든 당대표 선거든 모든 선거의 기준과 과정은 같다. 그런데 정치인들의 집합체인 이번 선거는 공정하지도 민주적이지도 않아 보인다. 불공정하고 폭력적인 선출 과정을 지켜보면서도 여당 내 많은 정치인은 문제를 제기하지 않고 있다. 되려 공정한 기회를 얻고자 하는 후보들을 비방하고 외면하며 윤심을 건드리지 않으려는 이유가 '공천권' 때문이라는 것을 우리 국민은 너무 잘 알고 있다.

자신들의 안위를 위해 자신과 같은 조직에 있는 누군가에게 가해지는 폭력적인 행위에도 눈 감는 것이 정치일까? 그래서 신뢰하지 않는 직업의 최상위를 정치인이 매년 지키고 있는 것인지 모른다.

얼마 전 특정 지역의 초등학교 학생회장 선거에서 투표결과가 뒤집히는 일이 발생했다. 초등학교 학생회장 선거지만 시 선거관리위원회가 지원해서 전자 투표시스템까지 활용되었는데도 부정투표지가 발견되면서 당선이 취소되었다. 담당교사의 부정으로 당선자가 바뀐 것이다. 어른의 어긋난 행동이 아이들에게 상처를 준 것이다.

겨울 방학이 끝나면 새로운 학기가 시작한다. 그리고 반대표 또는 학생회장을 생각해왔던 아이들은 각종 선거를 준비한다. 초등학교 반대표 선거를 비롯해 모든 선거는 공정하고 민주적으로 진행되어야 한다는 것을 우리 사회는 너무 잘 알고 있다. 그래서 후보선출부터 공약 제시 과정, 투표과정, 선거유세과정, 투표결과까지 공정함을 잃지 않도록 많은 시간과 인원을 투여한다.

초등학교 선거도 회장 후보 출마는 누구에게나 자유롭게 열려있으며, 선거과정에 선심성 금품, 음식물 제공 등은 엄격하게 차단하고 있다. 공약 역시 실행 가능한 공약을 기본으로 하고, 후보 연설도 1분으로 모든 후보에게 공평하게 주어진다.

다수의 후보자가 있을 때 예비투표 후 많은 투표를 받은 순서로 3배수 선출후 본 투표를 시행한다. 학생회장의 경우 선거운동 기간이 있고 그 기간에 자신들에게 투표해야 하는 이유를 학생들에게 설명하는 유세활동을 한다. 하지만 선거 과정에서 다른 후보를 비난하거나 거짓된 정보로 상대 후보를 난처하게 하는 행위는 하지 않는다. 만약 앞에서 언급한 내용 중 불법행위가 이루어지면 학생들은 물론 학부모들의 거친 반발은 불 보듯 뻔하다. 즉, 교내 선거에서 불공정한 규칙과 과정은 인정하지 않는다.

현 국민의힘 대표선출 과정을 초등학교 선거에 비유하자면 학교가 특정 학생을 위해 규정을 바꿔주고 특정 학생의 출마를 학교장이 막아서고 출마를 고민하는 학생에게 선생과 학생들이 집단으로 비난하는 것이다. 학교 또는 기업이었다면 있을 수도 없는 일을 정치권은 여과 없이 하는 것이다. 그래서 우리 국민은 정치권을 '정치판'이라고 비하하며 불러왔을 것이다.

국민의 눈높이를 정치인들이 따라서 오지 못한다고 말해왔다. 그러나 한편으로 그 정치인들을 선택한 것은 국민이었다. 물론 각 정당에서 배출된 한정된 후보 중에 선택해야 하는 국민의 고민은 쉽지 않다. 최선이 아닌 최악을 피하는 법. 그게 우리 국민의 투표의 큰 부분이었다는 것은 안타까운 일이다.

비단 국민의힘뿐 아니라 우리나라 전체 정당대표 선출과 공천, 장관 임명에 누군가의 마음을 담아내는데 익숙한 한국 정치가 이젠 좀 더 성장해야 하지 않을까?

현 여당의 선거 과정을 초등학생들에게 배우지 말라고 해야 할지 여당 정치인들에게 초등학생들 선거를 보고 배우라고 해야 할지 '반면교사'라는 단어가 절실히 필요한 시절이다.

칼 럼

남녀동수법, 민주주의 실천 과정·유리천장 깨는 사회적 기틀

[프라임경제] 2022년12월5일, 우리나라를 대표하는 기업 삼성이 첫 여성사장을 임명했고 언론들은 유리 천장을 깼다며 삼성전자의 첫 여성 사장을 뜨겁게 맞아 주었다.

그러나 2022년3월7일(현지시각) 영국을 대표하는 시사주간지 이코노미스트(Economist)는 '유리천장지수'에서 한국이 10년 연속 OECD국가 중 최하위를 기록했다고 발표했었다.

84년 만에 배출된 삼성의 첫 여성 사장 임명이 핫한 뉴스거리라는 것은 우리 한국사회가 여전히 성차별과 불평등이 큰 탑처럼 존재하고 있음을 반증하는 것이다.

여성들에게 주어지는 유리천장은 여성노동력을 잃게 되는 국가적 손실이다. 한국 여성의 학력 수준은 선진국 반열에 오른 지 오래됐다.

그럼에도 불구하고 한국 여성의 노동력은 남성보다 저평가되고 있다. 한국경제의 일원으로서 정당한 가치를 인정받지 못하는 사회구조는 국가 존립을 위협하는 결과를 초래할 수 있다.

골드만삭스는 '2075년으로 가는 길'이라는 제목의 경제 전망 보고서에서 저출생, 고령화로 인한 국가 경쟁력 후퇴 국가로 한국을 언급했다. 골드만삭스가 경제성장률 전망치를 내놓은 34개국 가운데 마이너스 성장률로 전환할 것이라고 전망한 국가도 우리나라가 유일하다.

2022년에 발표된 여러 국제 뉴스는 한국의 위기를 말해주고 있다.

경제성장은 고소득 국가인 미국과 유럽에도 밀리지 않을 만큼 성장했지만 이 성장을 유지하고 국가 경쟁력을 높이기에는 한계가 있는 국가라는 것을 보고서를 통해 보여 준 것이다. 바꿔 말하면 여성의 역할 확대와 비전 제시가 어느 때보다도 중요하다는 것을 의미한다.

그러나 문제는 이런 여러 가지 분석에서 나타나는 한국의 위기를 정작 현 정부는 인식하지 못하고 있다는 것이다.

이념갈등에서 남녀갈등으로 국가가 이분화 돼 버린 지금 가장 필요한 것은 평등한 사회로의 전환이다. 그러기 위해서는 여성의 정치적·경제적·사회적 참여에 대한 구조적 문제를 해결해 나가야 하고 여성정치 참여 확대는 그 어느 시대보다 강하게 요구되는 것이다.

불평등과 차별의 원인을 찾고 그 방안을 모색하여 법과 제도를 통해 우리사회를 안정적으로 정착시킬 수 있는 중요한 행위가 정치이기 때문이다.

이에 '남녀동수법'은 평등한 사회로의 전환에 기반이며 민주주의를 실천하는 중요한 행위가 될 것이다. 이미 '남녀동수법'을 통해 여성들의 정치 활동을 확대한 프랑스는 1999년에 헌법으로 남녀동수법을 개정했다.

2000년 선거법에서 모든 선거에서 남녀 후보 수가 같아야 한다고 명하며 하원의원 선거를 비롯한 상원의원선거, 지방의원 선거, 유럽의회 선거에도 남녀동수법을 적용했다. 재선에 성공한 마크롱 프랑스 대통령도 두 번째 임기를 시작하면서 내각 구성도 여성총리를 비롯하여 각 부처 장관 27명 중 13명의 여성장관을 임명했다. 여성총리까지 포함한다면 50%를 여성으로 구성한 것이다.

2022년 5월 우리나라 국가인권위원회 역시 정치영역의 성별 불균형 개선을 지적했다. 국회의원 선거 및 지방의회의원 선거 후보자 추천 시 특정성별이 10분의 6을 초과하지 않도록 하며 선거를 통해 여성과 남성이 동등하게 참여할 권리를 보장하는 것이 정단의 책무임을 알리고 각 정당이 이를 실행하기 위한 근거 규정을 마련하도록 권고한 것이다.

정치영역의 성별 균형이 맞춰질 때 따라 올 사회적 변화는 예상하는 것보다 더 클 것이다. 21대 총선에서 입법부에 입성한 여성국회의원이 19%로 57명이다.

남성의원 중심으로 구성되었던 과거 국회는 행정비서와 건물청소를 담당하는 환경보조직원의 대다수는 여성이었고 사무처 역시 낮은 직급에 주로 여성들이 존재하고 있었다. 그러나 여성의원들이 점차 증가하면서 고위직 보좌진에 여성이 증가했고, 여성보좌진이 많아지면서 국회 대관을 담당하는 기관들과 기업들 역시 여성보좌진에 대응하기 위한 여성대관담당자들을 배치하기 시작했다.

또한 여성국회의원들을 위해 기업과 기관은 고위직에 여성들을 임명하며 기업이나 기관 내 역할을 확대시켰고 국회 출입기자 역시 여성기자들이 생겨나기 시작했다. 20%도 안 되는 여성이 국회에 입성하는 것만으로도 여성의 경제활동 영역은 확대된 것이다. 양성 평등한 사회로의 전환은 '유리천장을 깬다'는 문장이 사라지는 것이다.

'남녀동수법'은 그런 의미에서 현재 우리 한국이 안고 있는 위기를 타개할 수 있는 중요한 수단이다. 여성의 정치 참여를 확대시켜 국가 경쟁력을 높이고 불평등과 차별을 깰 수 있는 민주주의의 과정이자 양성평등을 심화시키는 방안이 될 것이다.

*우리나라 임시정부는 1919년4월11일 공포한 대한민국임시헌장(전문10조) 제3조는 "대한민국의 인민은 남녀귀천 및 빈부의 계급이 무한 일체 평등임"을 명시했고, 1948년7월17일 제정·시행된 헌법 제8조는 "모든 국민은 법률 앞에서 평등하며 성별에 의하여 정치적·경제적·사회적 생활의 모든 영역에 있어서 차별을 받지 아니한다"고 명시하고 있다.

칼럼

빈곤포르노 지양, 아동인권 침해 방지 위해서라도

[프라임경제] 우리나라 정치사에 '빈곤포르노'라는 단어가 이처럼 요란하게 언급된 적이 있을까? 현재 '빈곤포르노'라는 단어는 여야간 정쟁의 단어가 됐다.

심지어 여당 여성의원들이 관련 발언을 한 야당 국회의원의 사퇴를 요구했다고 하니 웃어야 할지 울어야 할지 모르겠다. 왜 '빈곤포르노'라는 발언에 대해 여성의원들이 모두 일어선 것일까? 여당 여성 국회의원은 빈곤포르노 중에 포르노만 읽히는 것일까.

'빈곤포르노'란 구호단체들이 모금을 위해 가난을 선정적으로 다루기 위한 사진이나 영상물, 모금방송 등을 가리키는 말이다. 즉, 기부금이나 지원금 증가를 위해 동정심을 불러일으키기 위한 수단인 것이다.

빈곤포르노 문제는 이미 오래 전부터 제기되었다. 지난 2013년 국제개발협력민간협의회(구호개발단체들의 모임)가 제정한 '아동권리 보호를 위한 미디어가이드라인'에서 시청자들의 감성을 최대한 자극해 상업적인 효과를 얻기 위한 왜곡과 조작이 있었다는 내용들이 사례로 발표되었기 때문이다.

즉 '빈곤포르노' 제작 행위가 갖는 반인권적인 면이 두드러지면서 빈곤포르노 제작에 대한 문제가 제기됐고, 많은 나라와 더불어 한국의 구호단체를 비롯해 방송사도 방송모금 방식의 변화를 요구받았다.

빈곤포르노를 제작하지 않는 이유는 빈곤국 아이들에 대한 부정적인 이미지를 양산하며 해당 어린이의 인권침해에 대한 여러 문제점 때문이었다. 우리나라 역시 미디어에 나타나는 인권감수성에 대한 요구가 높아지면서 인권침해에 대한 방송심의규정이 몇 차례 개정됐다.

현재 방송심의규정 제3조 권리침해 금지 제21조(인권보호) ① 방송은 부당하게 인권 등을 침해하지 않도록 해야 한다. ② 방송은 심신장애인 또는 사회적으로 소외받는 사람들을 다룰 때에는 특히 인권이 최대한 보호되도록 신중을 기해야 한다로 규정하며 무엇보다 인권침해 사항에 대해 중요하게 보고 있다.

빈곤포르노 정쟁에 '오드리햅번 사진 표절'이라고 언급하고 있으나 그 언급은 하지 않길 바라는 개인적 바람이 있다. 오드리햅번은 필자가 오래도록 좋아하는 배우이자 인권운동가이다.

배우가 인권운동가라는 수식어를 달기란 매우 어려운 일이다. 그렇게 어려운 인권운동가라는 수식어는 오드리햅번이 보여준 희생이 있었기에 가능했고, 그래서 전 세계 팬들은 지금까지도 그녀를 존경하는 것이다.

오드리햅번은 1988년 유니세프 친선 대사가 된 이후 세상을 떠날 때까지 세계 구호지역을 다니며 죽어가는 어린이들의 현실을 세상에 알리기 위해 노력했고, 자신의 모든 능력을 어린이들을 위한 구호 활동에 쏟아 부었다.

그는 전쟁지역이나 전염병 지역도 마다하지 않았고 그의 헌신과 노력이 세계를 울리며 그간 알려지지 않았던 세계 곳곳의 구호지역을 세계인들이 알게 된 것이다. 그리고 그 이후 많은 스타들이 이에 동참하며 굶주린 아이들을 돕기 위한 행보를 보였다.

그러나 전 세계적으로 인권침해에 대한 의식이 커지면서 타인의 가난이나 불행을 미디어에 담아내는 데 문제가 있다고 판단해 '빈곤포르노'를 지양하는 규정들이 속속 생겨나기 시작한 것이다.

오드리햅번이 구호 활동을 하던 시기는 어려운 상황을 전 세계에 알리는 시초였다. 그러나 시대가 변화하면서 구호를 호소하는 방식에도 변화를 가져왔고 현재는 구호대상 아이들의 어둡고 병약한 영상과 사진보다 구호를 통해 변화하고 활기를 찾아가는 모습들로 영상과 사진들이 채워져 있다.

즉, 이 시대까지 오드리햅번이 살아 있었다면 오드리햅번은 이 시대의 기류를 읽었을 것이고 누구보다 앞서 '빈곤포르노 퇴치' 운동을 했을 것이다. 왜냐하면 오드리햅번은 아이들을 사랑했고 아이들의 인권을 존중했던 인권운동가이기 때문이다.

야당 의원의 '빈곤포르노'라는 언급은 현재 전 세계 구호활동에 또는 방송에 활용되고 있는 단어인 것은 맞다. 그리고 김건희 여사의 행보 역시 그런 비판에서 자유로울 수 없는 것도 맞다.

진정 캄보디아 아동이 보고 싶었다면 조용히 다녀왔으면 그만이다. 그리고 촬영된 그 사진을 언론에 방출하지 않았더라면 선행으로 남았을 것이다.

그러나 그 사진 방출은 캄보디아 국가 이미지 실추와 더불어 김건희 여사의 선행에 의해 고스란히 노출된 아이와 그 가족들의 인권침해에서 자유로울 수 없어진 것이다. 그들이 그 촬영에 동의했다고 하더라도 그 동의의 목적이 무엇이었을지 되돌아 본다면 결코 그 사진 방출에 대한 문제제기에 자유로울 수 없다.

문득 밀레니엄 세대의 칠레 대통령과 최연소 영부인의 선택이 떠오른다.

칠레는 대통령 관저가 없이 대통령들이 살 곳을 각자 정하도록 하고 있고 역대 대통령들은 치안이 좋고 부유한 지역에 관저를 마련해왔다. 그러나 보리치 대통령은 역대 대통령들과 달리 낡은 주택과 마약상들이 대낮에도 구역확장을 위해 싸움을 벌이는 빈곤율과 범죄율이 높은 지역에 관저를 정했다고 한다.

이유는 범죄자들에게 위협 받는 '빈곤하고 범죄율이 높은 지역'을 복구하기 위함이라고 한다.

선행을 할 때는 오른손이 하는 일을 왼손이 모르게 하라고 했다. 그리고 일회성이 아닌 지속성이 필요하다. 빈곤한 지역에 빈곤한 삶을 살아가는 국민들과 함께 거주하는 대통령과 영부인, 그 결정 하나만으로 칠레의 빈곤 지역은 변화하고 있다.

칼 럼

그들은 자신의 임무를 알고 있는 것일까

[프라임경제] 세월호 침몰 참사 이후 최대의 인명 피해가 이태원에서 일어났다. 안타까운 156명의 죽음과 150여 명의 부상. 세월호 침몰 참사 이후 정부 관련인들은 해임과 사퇴로 최대의 난국을 맞았다. 그들에게 그런 결정이 내려진 이유는 하나였다. 그들에게 주어진 임무를 다하지 않았기 때문이다.

이상민 행정안전부 장관은 경찰과 소방 인력 배치의 문제는 아니라며 법과 제도대로 조치를 취하였다고 말했다. 그러나 정작 본인이 국민의 안전을 책임지고 있는 '행정안전부'의 수장이라는 사실을 잊는 발언으로 물의를 일으켰다.

법과 제도는 늘 현실보다 더디다. 그래서 입법부가 존재하는 것이다. 새롭게 변하는 사회의 여러 문제와 대책을 반영하기 위해 법을 개정해야 하기 때문이다. 이 장관이 법조인이기에 법에 의존하는 것일까? 아니면 우리 법이 우리 사회에서 발생하는 모든 현상을 해결할 수 있다고 과도하게 믿기 때문일까?

이 장관의 발언은 국민의 안전을 책임지는 행정안전부 장관으로서 할 수 없는 말이었다. 장관의 임무는 법대로 절차를 밟는 자리가 아니라, 사회 전반에 안전을 해칠 요소들을 미리 살피고 관련한 대응을 준비하며 그에 따른 기준을 마련하는 것이다. 법과 제도에는 현실을 반영할 수 없는 맹점이 많기 때문이다.

수십만 명이 참여하는 할로윈 행사가 주최가 없다는 이유만으로 대응하지 않았던 정부, 서울시, 용산구청처럼 말이다.

박희영 용산구청장 역시 이해할 수 없는 비상식적인 말로 국민들을 분노하게 만들었다.

이태원은 우리나라에서 이국적인 문화로 많은 젊은이들과 다른 지역 거주자들로부터 사랑을 받아 온 지역이다. 미군들로 시작된 문화가 이제는 다양한 나라의 문화, 음식 등을 접할 수 있는 관광특구로 대표되는 지역이기 때문이다. 이런 지역적인 특수성 마저 모르고 '축제'가 아닌 '현상'이라는 이해하기 힘든 말을 한 사람이 바로 용산구청장이다.

용산구는 이태원 참사가 있기 불과 2주 전 지구촌 축제를 개최했었다. 그 지구촌 안에 할로윈을 문화로 즐기는 나라가 있다. '할로윈'은 현상이 아닌 문화이다. 그건 6살 짜리 아이들도 잘 알고 있다. 물론 우리나라의 전통문화는 아니지만 다문화의 한 축제임은 부인할 수 없는 사실이다. 더구나 우리나라는 다문화 정책을 국가 차원에서 만들어가고 있다. 그리고 그 정책의 수혜를 가장 많이 받는 지역 중 용산구 이태원은 빠지지 않는다.

그럼에도 불구하고 문화가 아닌 현상이라고 언급한 용산구 박희영청장. 박청장이 이태원 참사에도 불구하고 본인의 홍보물을 올렸다는 사실에 한심함을 넘어 어떤 단어로도 표현하기가 힘들다.

자신의 임무가 무엇인지도 모르는 사람들에게 그 자리는 적정한 것일까?

이태원 압사 참사로 인해 우리는 또 한번의 슬픔을 겪었다. 외국의 축제인 할로윈을 왜 즐기려 하냐고 묻기 전에 왜 우리는 그런 문화축제 마저도 안전하게 즐길 수 없는지 그 원인을 파악해야 한다.

그리고 세대간 갈등을 부추기기 전에 왜 우리는 대한민국의 젊은이들에게 문화를 안전하게 즐길 기회마저도 주지 못하는지 반성해야 한다.

세월호 참사 이후 중고생들은 2박3일, 3박4일을 해왔던 졸업여행이 없어졌다. 친구들과의 추억을 만들 기회가 사라진 것이다.

이태원 참사 이후 대규모 행사 축제 등이 취소되었다. 무참히 떠난 이들을 위한 추모기간을 갖는 것은 당연하다. 그러나 세월호처럼 졸업여행이 사라지듯 우리 사회에 축제가 사라져버리는 건 아닐까.

정부와 해당 기관의 대응과 대책 소홀이 해결책으로 국민들의 행동의 제한을 가져오게 해서는 안된다.

우리 국민들은 행복을 추구할 권리를 가지고 있다. 헌법 제10조 모든 국민은 인간으로서 존엄과 가치를 가지며 행복을 추구할 권리를 가진다. 국가는 개인이 가지는 불가침의 기본적 인권을 확인하고 이를 보장할 의무를 가진다.

　이번 참사는 국민들이 안전하게 삶을 영위하도록 책임을 다해야 할 그들이, 그 임무를 다하지 못해 일어난 참사이다.

　국민들이 안전하게 살아 갈 수 있는 그 날이 빨리 오기 바라며 꼰대의 나이가 된 필자는 이태원 참사에 머리 숙여 그들을 보내고자 한다.

칼 럼
여성대상범죄가 젠더갈등으로 치부되는 일 없어야

　[프라임경제] 스토킹이 또 다시 살인으로 끝났다. 신당역 살인 사건은 우리 사회에 스토킹 범죄의 무게를 다시 알렸다. 우리나라에는 '열 번 찍어 안 넘어가는 나무는 없다'는 속담이 있다. 이 속담이 언제부턴가 좋아하는 사람을 향해 돌진하라는 말로 표현되기 시작했다.

　상대의 의사와는 무관하게 나만 좋아하면 된다는, 내가 좋아하니 넌 내 뜻을 따르라는 이기적이고 권위적인 이 행위는 현재 스토킹범죄라는 용어로 표현되고 있다.

　스토킹범죄의 처벌에 관한 법률에 의해 스토킹 범죄를 저지르는 사람은 3년 이하의 징역 또는 3,000만원 이하의 범금에 처한다. 그러나 이런 법이 제정되었는데도 불구하고 스토킹 범죄는 끊이지 않고 있다. 이유는 스토킹범죄를 여전히 좋아하는 사람에 대한 구애쯤으로 바로 보는 우리 사회의 시선 때문일 것이다. 즉 피해자보다 가해자의 마음을 헤아려주는 사회적 분위기.

　'좋아하는데 안 받아줘서 폭력으로 대응을 했다'는 더불어민주당 서울시 시의원의 망언처럼 말이다. 좋아하는 마음을 안 받아주면 폭력을 당해도 된다는 것인가? 내가 원하지 않는 사람인데 그가 좋아한다면 무조건 받아줘야 한다는 것인가?

　이 발언에 대해 시민단체가 명예훼손으로 고발했다고 한다. 이처럼 우리 사회는 여성대상 범죄의 경우 유난히 피해자보다 가해자에게 더 너그러웠다.

　스토킹, 디지털 성착취, 성폭력 등 주피해자는 여성들이다. 여성과 남성으로 나누어 논쟁을 벌이자는 의미는 아니다. 우리 사회가 여성대상범죄 가해자에게 너그러운 이유 그리고 그에 따른 적극적인 조치가 이루어지지 못했던 배경을 N번방사건이 발생한 이후 입법부를 비롯한 정부 관계자들의 딥페이크(특정인의 얼굴을 특정영상에 나체나 성행위에 사용되고 있음) 관련 회의 내용을 살펴보면 일부 알게 된다.

"딥페이크는 예술작품이라고 생각하고 만들 수 있거든요", "청소년이나 자라나는 사람들은 자기 컴퓨터에서 그런 짓 자주 한다", "나 혼자 스스로 그림을 그린다고 생각하는 것까지 처벌을 할 수 는 없잖아요. 내 일기장에 내 스스로 그림을 그린단 말이에요", "기존 법으로도 처벌이 가능하지 않나요? 청원한다고 법 다 만듭니까?", "내가 만족을 위해서 이런 영상을 가지고 나 혼자 즐긴다 이것까지 처벌을 갈 거냐"

이 회의의 주 발언인들은 모두 남성이었고 여성범죄에 대한 사회적 이해가 부족했다. 그리고 범죄의 심각성도 느끼지 못하는 발언들을 회의록에 남겼다. 이들의 언급처럼 딥페이크 범죄는 정말 가벼운 것일까?

그러나 이들의 단순한 생각과 달리 딥페이크 범죄는 매년 늘고 있고 피해자는 유포된 영상으로 인해 고통에 시달리고 있다. 그리고 전 세계적으로 유포된 딥페이크의 96%는 포르노이고 피해자 중 가장 많은 피해자가 25%인 한국여성 연예인들이 그 대상이다.

자국 연예인들이 전 세계에 유포된 최다 포르노 주인공이라는 불명예를 그들은 알고나 있을까.

요즘 또 다른 논란은 제2의 N번방 '악마 엘의 엘방'이다. 디지털 불법상착취물은 가해자에게는 익명성 보장하고 피해자에게는 영상유포 협박으로 벗어날 수 없는 공간을 유지한다. 그리고 만들어진 영상으로 확산성을 키우는 범죄다. 무엇보다 N번방을 운영하는 방장은 매우 큰 금전을 취득 할 수 있어 디지털 성착취는 쉽게 근절되기 어려운 구조의 범죄이다. 이런 이유 때문에 N번방은 또 다른 N번방을 낳고 있다.

디지털 성착취범죄의 시작은 소라넷이었다. 당시 소라넷의 회원은 100만명으로 N번방의 25만보다 4배가 더 많았다, 소라넷의 결과는 N번방의 방장격인 운영자 1명만이 징역4년이었으며 회원들에게는 아무런 조치도 없었고 그들의 엄청난 범죄 수익의 몰수액은 0원이었다.

소라넷 당시 피해자는 현재 모르는 여성과는 달리 아내와 여자친구 등 비교적 가해자와 가까이에 있는 여성들로 남성들의 얼굴은 안보이거나 모자이크가 되어 있는 반면 여성들은 얼굴과 몸이 고스란히 노출됐었다. N번방과 소라넷의 차이는 범죄자가 화면 안에서 화면 밖으로 나갔을 뿐 여성들은 프레임 안에 여전히 남아 있는 것이다.

이렇듯 여성이 주피해대상 범죄의 경우 그 범죄의 발단과 과정, 결과 그리고 무엇보다 피해자들의 삶을 파괴하는 범죄이므로 일반적인 범죄와는 다른 양상으로 보아야 한다. 때문에 그 범죄를 잘 이해하는 사람들과의 논의 기구, 그 범죄를 차단시키기 위한 정책, 그 범죄의 재발을 막을 법이 완결될 때 범죄를 감소시킬 수 있다. 여성가족부가 존재해야 하는 중요한 이유 중 하나이다.

2006년9월 디지털성범죄와 채팅사이트를 통한 성매매가 국정감사를 통해 지적됐었다.

당시 17대 홍미영 국회의원에 의해 경찰청 국정 감사에서 질의되었으며 당시 그 질의서는 홍미영 전 의원의 보좌진이었던 필자가 기초했다. 그러나 중요한 것은 그 소라넷의 정체에 대한 제보였다. 남성들 사이에서는 최고의 인기였던 소라넷의 존재는 여성들에게는 거의 알려지지 않았던 사이트였기 때문이다.

그의 직업이나 신상은 지금 정확히 기억나진 않지만 소라넷의 문제를 인식하고 필자에게 제보를 한 사람은 남성이었다.

국회 의원회관까지 찾아와 제보한 그 제보자의 제보이유는 지금도 생생하다.

"여자들의 얼굴만 보이고 남자들의 얼굴이 보이지 않는 건 얼굴을 드러낼 수 없을 만큼 창피해서가 아니겠냐? 창피한 일은 하면 안되는 거다. 그런데 이 사이트가 인기가 너무 많다."

그 제보 이후 제보자의 안내에 따라 필자는 한 달여간 사이트 주소를 옮겨가며 회원들을 확대하는 소라넷을 쫓았었다. 당시 채팅사이트에 가입해 소라넷의 사이트를 공유 받았다. 채팅사이트에서는 수도 없는 성매매 유도 대화가 이루어졌고 소라넷에서는 다양한 불법촬영물과 몰래카메라 등이 하루에도 수 백 개씩 업로드되는 것을 확인했다.

불법촬영물 업로드뿐만 아니라 경찰에 소환되면 대응하는 법, 일정기간 후 바뀌는 사이트주소 등 정확히 기억하지 못하는 많은 부분들이 공유되고 있었다. 그 제보자가 아니었다면 알 수 없는 사실들이었다.

우리 사회는 여성대상범죄가 매년 증가하고 있다. 그것은 여성을 성적대상으로 보고 있음은 분명한 사실이다. 그러나 2006년 필자를 찾아왔던 그 제보자처럼 많은 남성들이 현재 발생하는 여성대상범죄에 대한 문제의식을 갖게 된다면 우리 사회는 더 안전한 사회가 될 것이다.

칼 럼

'자녀 살해 후 자살' 이제 멈추게 해야

[프라임경제] 우리는 한 달 전 실종된 일가족의 죽음을 보았다. 우리 국민들은 부모를 비롯한 어린 조 양의 죽음을 안타까워하면서도 정작 우리 사회가 죽음을 선택한 그들의 고립을 해결하기 위한 해결책은 논의하지 않았다.

각종 매체에서는 '조양, 코인, 아우디렌탈, 빚' 등에 대한 자극적인 내용만 반복하였을 뿐, 앞으로 발생하게 될 또 다른 조 양을 위해 자녀 살해 후 자살할 그들의 고립을 어떻게 해결할 지에 대한 고민은 없었던 것이다.

우리 사회는 과거 자녀체벌권을 민법 안에 포함시켰고 가족 동반자살이라는 단어로 부모에 의해 살해된 아이들의 죽음을 본인 선택의 죽음처럼 미화시키기도 했었다. 그러나 이제는 '가족동반자살'이라는 말 대신 '자녀 살해 후 자살'이라고 표현되며 부모들의 선택에 의해 삶과 죽음을 오가야 하는 어린 자녀들에 대한 사회의 외면을 지적하기 시작했다.

유독 우리나라에서 자녀 살해 후 자살률이 높은 이유는 가족의 끈끈한 유대관계와 자녀를 독립된 인격체가 아닌 소유물로 보기 때문이라고 말해왔다. 그러나 이제는 이런 가족관계에 의한 이유가 아닌 우리 사회가 갖는 다양한 문제에 초점을 맞춰야 할 때가 아닐까.

이에 자녀 살해 후 자살이라는 키워드로 빅데이터를 분석하려 하였으나 우리 사회에 자녀 살해 후 자살이라는 단어의 사용이 최근 들어 사용되어 키워드 분석이 어려웠다. 이에 과거부터 사용되어 온 가족동반자살이라는 키워드로 빅데이터 분석을 실시하였다.

2021년8월1일부터 2022년7월31일까지 분석 기간 1년 동안 가족동반자살 총 정보량 2,250건에 달했다. 2021년8월 122건, 9월 112건, 10월 120건, 11월

110건, 12월 104건, 2022년 1월 216건, 2월 186건, 3월 95건, 4월 171건, 5월 129건, 6월 460건, 7월 426건으로 분석되었다.

조 양 실종사건이 있던 2022년6월과 7월에 키워드 증가률이 높게 나타났다. 관련 사건이 나타난 6월과 7월을 제외하더라도 가족동반자살 관련 키워드는 평균 163건으로 나타났다.

채널별 정보량을 보면 다음과 같다.

수집 월	뉴스	커뮤 니티	블로 그	카페	트위 터	인스 타	유튜 브	페이 스북	카스	지식 인	기업 · 단체	정부 · 공공
2021 08	2	31	48	16	23	0	1	0	0	0	0	1
2021 09	10	23	46	17	15	0	0	0	0	0	0	1
2021 10	20	30	36	19	14	0	0	0	0	0	1	0
2021 11	7	28	29	26	18	0	0	0	0	0	2	0
2022 12	16	22	25	27	11	1	2	0	0	0	0	0
2022 01	111	26	49	18	10	0	2	0	0	0	0	0
2022 02	109	15	36	10	15	0	0	0	0	0	0	0
2022 03	0	30	41	10	13	1	0	0	0	0	0	0
2022 04	73	23	43	26	5	0	0	0	0	0	0	1
2022 05	8	30	37	32	21	0	0	1	0	0	0	0
2022 06	78	126	91	52	106	1	6	0	0	0	0	0
2022 07	88	85	146	42	54	2	7	1	0	0	1	0
계	522	469	627	295	305	5	18	2	0	0	4	3

채널별 정보량을 보면 뉴스(522건)보다 블로그(627건) 정보량이 높게 나타났다. 정보량 순이 블로그, 뉴스, 커뮤니티, 트위터, 카페, 유튜브, 인스타, 기업/단체, 정부/공공, 페이스북 순으로 나타났다. 여성 유저가 많은 카카오스토리와 인스타그램에 비해 남성 유저가 많은 커뮤니티와 블로그 트위터에서 가족동반자살에 대한 정보량이 확연히 많았다. 또한 뉴스는 관련 사건사고가 발생했을 당시 정보량이 증가하는 반면 다른 채널들은 꾸준히 정보량이 유지되고 있다는 것은 또 다른 자녀 살해 후 자살이 일어날 여지를 보여주고 있는 것으로 분석된다.

가족동반자살 관련 연관검색어를 분석한 결과 가난, 어렵다, 죽음, 살해, 살인, 생활고, 극단적 선택, 폭력, 협박, 비관, 처벌, 불행이 연관검색에 올라왔으며, 일가족, 부모, 아버지, 자녀, 자녀 살해, 선택, 눈물, 마지막 등도 상위에 검색되었다.

특이점은 생각, 문제, 나라, 국가, 정부. 정책, 제도, 해결, 사회 등이 상위에 노출되어 있다는 것이다. 궁지에 몰려 자살을 기도하거나 선택하려는 사람들은 마지막으로 이 대한민국이 제도나 정책을 통해 구제책을 마련해주길 바랐는지도 모른다.

문득, 우리 사회는 하루아침에 부모를 잃고 살아갈 미성년 아이들을 위한 대책은 잘 되어 있는 걸까?

부모의 자살로 인한 죽음이던, 사고로 인한 죽음이던 부모를 잃고 살아 갈 미성년자 자녀들의 삶을 우리 사회는 어느 정도 보장하고 있는 것일까. 자녀 살해 후 자살의 대부분의 경우는 경제적인 어려움이 가장 크다. 자신들의 경제적 어려움을 자식들에게 물려주고 싶지 않아 어려운 선택을 하는 경우가 대다수인 것이다.

현재 우리 법은 부모를 잃은 자녀들에게 남겨진 상속이, 특히 빚이 있을 경우 그 상속을 받지 않겠다는 상속포기나 한정승인 의사를 미성년 자녀가 표시해야 한다. 그러나 상속 개시를 안 날로부터 3개월 이내에 표시해야 하는 이 절차를 그 시기에 맞춰 이행할 수 있는 미성년자가 몇 명이나 될까. 즉 이 나라가 부모를 잃은 미성년자에게 그 절차와 방법을 설명해 주지 않으면 빚내림을 통한 미성년자들의 개인 파산은 정해진 수순이 되는 것이다.

자녀를 살해 한 후 자살한 그 부모들의 행동에는 동의하지는 않지만 이 사회에 남겨질 자녀에 대한 걱정은 이해한다. 우리 사회가 부모를 잃은 미성년자를 케어할 수 있는 제도적 장치는 미흡한 반면 부모 없는 미성년자들을 바라보는 이 사회의 차가운 시선 역시 긴 시간 동안 변하지 않았기 때문이다.

현재 정부는 내년도 예산을 30조 가량 줄인다고 발표했다. 예산 감축과 지출 구조조정을 통해 개정건전성을 강화하겠다는 것이다. 국가의 악화된 재정을 재건해야 한다면 그것은 당연히 동의해야 할 부분이다. 그러나 그 재정 구조조정으로 인해 저소득층과 소외계층에 지원되어 왔던 또는 지원되어야 할 재원까지 구조조정이 이루어지지 않아야 한다는 것이다.

가족 모두를 품에 안고 자녀를 살해하고 자살하기까지 우리 정부는 그들에게 관심을 두었는지 한 번 돌아 봐야 하지 않을까. 조 양 가족이 사망하기까지 그들에게 걸려 왔던 전화는 고작 가족 3인이 나누었던 통화가 전부였다는 사실은 우리 사회가 그들의 고립을 방치한 것은 아닌지 생각해 보아야 할 문제이다.

또한 조 양의 아버지의 외제차 렌탈이나 루나코인 등에 대한 기사 대신 우리 사회가 자녀를 살해하고 자살하게 되는 우리 사회의 문제, 제도적인 문제에 대한 기사들로 도배가 되었더라면 미디어로서의 역할에 더 충실하지 않았을까 하는 아쉬움과 함께 숙제를 남기고자 한다.

칼 럼

'소년심판'은 무엇을 말하고 싶었을까

[프라임경제] 2022년6월9일 법무부 장관은 '촉법소년연령하향'을 공식화했고 그에 필요한 TF를 구성하였다.

넷플릭스 '소년심판'은 우리 사회의 촉법소년에 의해 발생한 범죄를 각색해 드라마화하였다.

인천 동춘동 초등학교 유괴 살인 사건, 숙명여고 시험지유출 사건, 미국 서던 캘리포니아 대학 사태, 대전 중학생 렌터카 절도 운행 추돌사고, 강릉 여고생 무면허 운전 추돌 사고, 용인 아파트 벽돌 투척 사망사건, 인천 여중생 집단 성폭행 사건 등으로 사회적으로 큰 파장을 일으킨 촉법소년 범죄들이다.

촉법소년은 만 10~14세 형사미성년자를 말한다. 촉법소년은 범죄를 저질러도 형사 처벌을 받지 않아 그를 악용한 영악한 형사미성년자들의 범죄로 인해 촉법소년연령하향에 대한 사회적 요구는 지속적으로 이어져 왔다.

그러나 2018년12월 국가인권위원회에서 국회에 발의된 형법과 소년법 일부 개정안은 유엔 아동권리협약 등에서 강조하는 '소년의 사회 복귀와 회복관점에 반하고 소년 범죄 예방을 위한 실효적 대안으로 바람직하지 않다'는 의견을 국회의장과 법무부 장관에게 표명한 바 있다. 즉 미숙한 처벌을 강화하기보다 보호와 교육방안, 예방이 우선이라는 의견을 제시한 것이다.

결국 국민들의 법 감정과 현실법의 괴리가 촉법소년 연령 하향에 대한 논의와 논쟁이 반복되고 있는 것으로 보여진다. 이에 빅데이터를 통해 '촉법소년연령하한'을 분석해 보고자 한다.

빅데이터 분석 기간은 2022년5월24일부터 2022년6월23일으로 설정하였고 검색 채널은 뉴스, 커뮤니티, 블로그, 카페, 트위터, 인스타그램, 유튜브, 페이스북, 카카오스토리, 지식인, 기업/단체, 정부/공공이다.

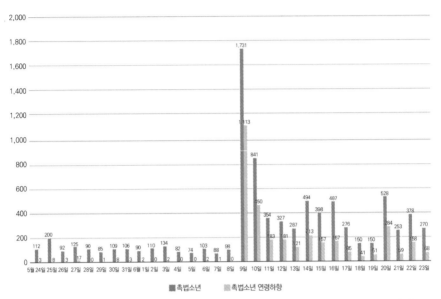

촉법소년과 촉법소년연령하한에 대한 키워드 포스팅 수 = 이슈정책연구소

　　빅데이터 분석 결과 법무부장관의 촉법소년연령하향에 대한 발표일 인 6월 9일에 관련 키워드 포스팅 수는 크게 증가하였다. 2022년 6월 9일 '촉법소년'은 1,731건, '촉법소년연령하향'은 1,113건으로 나타났다. '촉법소년'은 많게는 200건 적게는 68건으로 기존 포스팅 수에 비해 편균 10배 넘게 증가하였고, '촉법소년연령하향'은 많게는 17건에서 적게는 0건이던 포스팅 수가 1,113건으로 거의 1,000배 가까이 증가하였다.

　　'촉법소년'과 '촉법소년연령하향'에 대한 키워드의 긍정률과 부정률을 살펴본 결과 '촉법소년'보다 '촉법소년연령하향' 긍정률이 높게 나타났고, 순호감도 역시 '촉법소년연령하향'이 더 높게 나타났다. '촉법소년'을 키워드로한 포스팅은 부정률이 52.44%로 나타났고 '촉법소년연령하향'은 45.83%로 부정률이 상대적으로 낮게 나타났다.

　　촉법소년연령하향을 법무부 장관이 언급한 6월 9일 이전 2022년 5월 24일부터

6월8일까지 촉법소년 채널 총 정보량은 1,678건으로 같은 기간 촉법소년하향은 50건으로 나타났다.

　즉 촉법소년은 발표 후 약 5배의 정보량이 증가하였고, 촉법소년하향은 약 68배 정보량이 증가하였다.

키워드	긍정률	부정률	중립률	순호감도(긍정률→부정률)
촉법소년	10.98%	52.44%	36.59%	− 41.46%
촉법소년 연령하향	11.21%	45.83%	42.94%	− 34.62%

이슈정책연구소

　채널별 정보량은 촉법소년과 촉법소년하향 모두 뉴스가 가장 많은 정보량을 보였다. 촉법소년은 카페가 가장 높은 정보량을 보였으며 카페, 커뮤니티, 블로그, 트위터, 지식인, 유튜브 순으로 나타났다. 촉법소년하향은 블로그, 커뮤니티, 카페, 트위터, 유튜브, 페이스북, 지식인 순으로 나타났다.

　촉법소년에 대한 긍정정보량은 카페로 305건, 블로그 257건, 커뮤니티 161건 순으로 나타났고 부정정보량은 뉴스 1,277건으로 가장 높았으며, 커뮤니티 930건, 카페 912건, 블로그 854건 순으로 분석되었다. 촉법소년 키워드 포스팅은 전반적으로 범죄 용어가 많아 긍정률보다 부정률이 높게 분석되었다.

　촉법소년연령하향에 대한 긍정정보량은 블로그 117건, 카페 109건, 뉴스 82, 커뮤니티 53건 순으로 나타났으며, 부정정보량은 뉴스 711건, 블로그 318건, 커뮤니티 216건, 카페 180건 순으로 나타났다. 연령하향이라는 일종의 대안이 나옴으로써 촉법소년 키워드보다 부정률은 낮아지고 순호감도가 높게 나타났다.

　최근 1년간 대한민국 전체 데이터의 성별 점유율은 여성이 75.6%, 남성이 24.4%로 여성이 월등히 높은 점유율을 보이고 있다. 최근 1년간 촉법소년 연령하향 포스팅의 성별 점유율은 여성이 58.3%, 남성이 41.7%로 여성이 높지만 전체 점유율의 여성 수치를 기준으로 보면 촉법소년연령하향에 대한 것은 남성의 관심도가 더 높은 것으로 파악된다.

  지역으로는 경기도가 가장 높은 32.1%, 서울 27.2%, 충청남도 6.6%, 대구 5.5%, 광주 4.5%, 인천, 부산 3.4%, 경상남도 3.1%, 대전 2.8% 순으로 촉법소년 연령하향에 대한 데이터 점유율이 나타났다.

  촉법소년에 대한 사회적인 문제는 잔혹해져가는 10대들의 폭력행위에 촉법소년연령하향으로 대안을 찾으려 하고 있다. 그런데 관련 전문가들은 촉법소년 연령하향이 10대들의 잔혹한 사건을 얼마나 줄일 수 있을지 의문을 제기하며 반대의 목소리를 내고 있다.

  잔혹한 폭력성을 지닌 촉법소년들의 배경에 촉법소년의 가정이, 이 사회가 온전히 그 역할을 했는지를 묻는 것이다. 실제로 우리 사회에서 위기관리 대상, 우선 관심대상 학생들은 연간 수천에서 수만명에 이르고 특히 촉법에 속한 중학생은 초·중·고 중에서 관심대상과 위험군에 가장 많은 연령대로 파악되고 있다.

  영악한 촉법소년들의 잔혹한 폭행에 대한 위험의식을 느낀 국민정서를 법무부는 파악하고 있었다. 이에 국민의 불안감을 줄이기 위해 살인, 폭행, 강도 등 잔혹성이 큰 촉법소년들에 대한 처벌을 위해 적극적인 조치를 논하는 것은 법무부로서 당연한 일이다. 그러나 연령하향이 촉법소년들의 강력범죄행위를 감소시키지 못한다면 우리 사회는 무엇을, 누군가를 또 다시 탓하게 될 것이다. 더 나은 변화를 위해 우리 사회는 귀를 좀 더 크게 열어두는 것은 어떨까.

칼 럼

그는 성착취물로 옥중에서도 해마다 200억 벌어들인다는데…
디지털 성착취 범죄 빠르게 발전해도 범죄 막을 법은 더디기만

[프라임경제] 얼마 전 발달장애 여성을 '벗방'에 출연시키고 성착취를 한 아프리카TV BJ가 긴급체포되었다. 우리 사회는 여전히 미성년자와 장애여성들에게 안전한 사회를 만들어 주지 못하고 있는 것이다.

1년도 지나지 않은 'N번방' 사건은 미성년자를 포함한 여성 74명을 '노예'라고 지칭하며 성착취를 한 최악의 디지털성범죄였다. 그리고 온 국민은 해당 판사까지 바꿔가며 디지털 성착취에 대한 불안감을 표현했다.

입법부는 국민들의 불안감에 반응하듯 관련 법안들을 쏟아냈다. 그러나 현재 그 법안들은 어떻게 되었을까? 그 사이 20대 국회가 문을 닫았고 많은 관련 법안들은 그렇게 사라져 버렸다.

우리나라의 디지털성범죄의 시초는 고등학생들이 캠코더로 촬영해 당시 세운상가의 최대의 히트작(?)이라고 언급 된 '빨간 마후라'이다. 당시 청소년들이었던 가해자들 속에 피해여학생도 가해자가 되어 소년원에서 일정 기간 있어야 했다. 피해자를 가해자로 본 참 창피한 시대를 우리들은 살아 온 것이다.

그리고 1999년 국내 최대 음란사이트 '소라넷'은 불법촬영 영상과 성착취물을 공유하며 수많은 피해자를 만들어 낸 본격적인 디지털성범죄의 시작이었다. 물론 그 이전부터 일반인, 연예인들의 영상이 유포되는 일은 많았다. 그러나 '소라넷'은 당시 100만 명의 회원이 있었다는 경찰의 발표에 의하면 현재 25만 명을 운운하는 'N번방'은 그 규모가 작다는 생각마저 들게 한다.

이렇게 많은 회원들에 의한 수많은 피해자들을 만들어 낸 소라넷 사건의 결과는 어떻게 되었을까? 운영자 한 명 징역4년이 전부였고 사이트 운영으로 벌어들인 엄청난 범죄수익금 몰수액은 0원.

당시 재판부는 A씨는 사건에 적용되는 구 범죄수익 은닉의 규제 및 처벌 등에 관한 법률에서 규정하는 '중대범죄'의 범죄수익에는 A씨가 받는 혐의 중 정보통신망법(제74조 1항 2호)만 포함돼 있고 아동·청소년의 성보호에 관한 법률(제11조 3항, 제17조 1항)은 포함돼 있지 않아 정보통신망법 위반으로 생긴 돈인지 아동·청소년법 위반으로 생긴 돈인지를 전혀 구분할 수 없는 이상 전액을 몰수하거나 추징하는 것은 허용할 수 없다고 판결했다.

이 시대 역시 어른인 우리 사회는 무책임했고 이런 무책임함은 웹하드로 불법성착취물을 다운 받게 제공 등의 죄로 감옥에 있는 양진호가 또 다른 획을 긋는다. 소라넷은 소라넷사이트라는 공간에 모여 성착취물을 서로 올리고 보는 것에서 양진호는 웹하드를 통해 성착취물을 다운 받아 볼 수 있게 하면서 확산성은 더 컸다.

양진호는 현재 옥중에서도 불법 성착취물로 얻는 수익이 매년 200억원이라고 한다. 범죄 수익몰수라는 법 집행은 이루어지고 있는 것일까? 그리고 그 역사를 다시 'N번방' 조주빈과 범죄 집단에 의해 발전한 디지털 불법성착취가 세상에 드러났다.

소라넷과 N번방은 같으면서도 다른 차이가 있다. 소라넷은 영상에 남녀가 등장하는 것이 주이며 여성의 얼굴은 오픈되는 반면 남성들의 얼굴은 철저히 가려져 있었다. 그러나 N번방은 영상에 강간영상을 제외하고는 남성들이 등장하지 않는다. 오직 피해자인 여성들만이 'N번방 집단범죄자'들의 지시에 따라 영상에서 원하는 행위를 하는 것이다.

화면 안에 있었던 범죄자들이 화면 밖으로 나간 것이다. 성착취 범죄자들의 주변에서 피해자가 등장했던 소라넷과 다르게 시간과 공간이 다른 곳에서도 인권유린 행위인 성착취 범죄가 가능해진 것이다.

그런데 이제는 여기서 더 나아가 '합성'이라는 성착물이 생겼다. 딥페이크(특정인의 얼굴을 특정 영상에 나체나 성행위에 사용되고 있음) 붙이는 것과 알페스(실존하는 인물의 애정관계를 상상하여 만든 소설이나 웹툰)이다.

이렇듯 성착취의 다양한 발전은 드디어 범죄자가 원하면 모든 사람을 디지털 성착취의 대상으로 만들어 낼 수 있게 된 것이다. 2019년 네덜란드의 사이버 보안연구 회사인 딥트레이스(Deeptrace)가 발간한 보고서에 따르면 이미 전 세계 딥페이크 영상의 96%가 포르노 영상이며 피해자의 25%가 한국여성연예인이라고 한다(서울신문기사 참조).

그런데 이런 예측할 수 없는 성범죄자들의 진화는 어떻게 가능했을까?

김인겸 법원행정처 차장 "이것도 소위 'N번방 사건'이라는, 저도 잘은 모르는데요",
"(딥페이크는) 자기는 예술작품이라고 생각하고 만들 수도 있거든요."

김오수 법무부 차관 "청소년이나 자라나는 사람들은 자기 컴퓨터에 그런 짓 자주 한다."

더불어민주당 송기헌 의원 "나 혼자 스스로 그림을 그린다고 생각하는 것까지 처벌할 수는 없잖아요. 내 일기장에 내 스스로 그림을 그린단 말이에요."

미래통합당 김도읍 의원 "기존 법으로도 처벌이 가능하지 않냐? 청원한다고 법 다 만듭니까."

정점식 의원 "내가 자기만족을 위해서 이런 영상을 가지고 나 혼자 즐긴다 이것까지 (처벌이) 갈 거냐…"

성범죄자들이 진화하는 본질은 하나였다. 성범죄자들에 대한 관대한 형 집행과 일부 법조인, 입법부들의 무관심을 넘어선 무지였던 것이다.

통신이 발전하면서 SNS 오픈방이 미성년자들에게 접근 할 수 있는 빠른 길을 터주었고, 개인방송의 확산은 누구든 벗 방을 통해 성착취물을 제작 방송할 수 있는 장소를 제공해 주었다.

그런데 관련 법안은 아무 것도 재제하지 못한다. 오픈방을 통해 미성년자에게 접근해 섹스를 해보았는지를 묻고 만나서 해보자고 권유를 해도 직접 성매매나 성착취를 하지 않았기 때문에 법적인 처벌을 받지 않는다. 또한 개인방송을 통해 벗 방이 성행해도 아직까지 제재할 규정조차 존재하지 않는다. 5년 아니 그보다 훨씬 빨리 오늘을 또 창피해하고 민망해하는 대한민국이 될까봐 이 시대 일원으로써 우려감을 감출 수 없다.

칼 럼

장애인의 손끝의 향연, 그 아름다움을 보며…

[프라임경제] 어릴적 우리나라에는 장애인이 거의 없는 걸로 생각했었다. 어디서든 장애인을 보기가 쉽지 않았기 때문이다. 그마저도 장애인에 대한 소식은 뉴스를 통해서 보는 사건사고의 주인공으로 피해자 장애인을 주로 접해왔던 것으로 기억한다.

그러나 도시구조와 교통체계, 정책 그리고 무엇보다 사회적인 인식의 문제가 장애인들의 손발을 묶어 두었다는 것을 깨달았을 땐 이미 한참을 성장한 이후였다.

세계보건기구(WHO)에 따르면 전 세계 인구의 15% 이상이 장애인이고, 보건복지부 2019년 등록장애인 통계에 의하면 2019년 말 기준 등록장애인은 261만 8,000명으로 전체 인구대비(5185만여명) 5.1%로 나타났다.

65세 이상 노년층 장애인의 비율이 지속 증가(2010년 37.1% → 2015년 42.3% → 2019년 48.3%)하고 있고, 성별로는 남성이 151만 명으로 57.8%, 여성이 110만 명 42.2%로 나타났다.

장애유형으로는 15개 장애유형 중 전체 장애 가운데 지체장애 비율이 높으나 (46.7%) 지속 감소하고 있는 반면, 발달장애(지적, 자폐성)는 증가(2010년 7.0% → 2015년 8.5% → 2019년 9.2%)하는 추세이다.

장애가 심한 장애는 98만 명(37.6%)이고 심하지 않은 장애 163만 명(62.4%)이다. 2019년 한해 동안 9만7,000명이 신규장애인으로 등록하였다.

선천적인 장애인 외에도 후천적인 장애인이 증가하고 있는 우리 사회에 장애인에 대한 사회적 인식은 어떠해야 할까?

필자는 두 가지 기사를 접하면서 우리 사회가 가지고 있는 장애인에 대한 인식의 변화가 그 어느 때보다 간절히 필요함을 깨달았다. 2020년12월4일 서울신문 기사를 통해 1980년대 언론의 큰 관심을 받았던 '천재 시각장애인 소년 작곡가 송율궁 씨'의 소식을 접했다.

생후 3개월에 실명하여 1급 장애를 얻은 송 씨는 시각장애와 가난 속에서도 9세에 처음 작곡을 하였고 고무화판에 셀로판지를 대고 점자처럼 오선지를 그려 일상의 소리를 '음악화'하는 '전위음악'을 선보였다.

또한 일본 도쿄국제작곡경연 대회를 시작으로 프랑스 파리현대음악제 등 각종 음악 대회를 통해 천재성을 입증하였고, 미국의 유명한 정위음악가인 존 케이지로부터 극찬을 받았다.

이렇듯 세계적인 관심과 극찬에도 불구하고 우리나라는 그 천재에 대한 음악적인 지원 대신 학교에서 안마수업을 권했고 안마수업 등을 거부하면서 구걸과 사회의 무관심으로 병마와 싸워야 하는 현실과 마주하게 되었다고 한다.

비장애인 예술가들에 대한 지원과 사회적 관심에 비해 장애인 예술가에 대한 우리 사회의 관심은 무관심에 가까웠던 것인가? 이런 우려 속에 코로나19로 인해 많은 사람들과 함께 하지 못하지만 의미가 큰 전시회가 개최되었다. 발달장애 아티스트들의 작품전이 바로 그것이다.

외교부와 태평양관광기구가 발달장애 아티스트 6명과 손을 잡고 '섬을 그리다' 미술전시회를 2020년12월14일부터 12월31일까지 서울 강서구 갤러리카페에 전시한다고 한다. 이 전시 이전에도 9월 예술의전당에서 'ACEP2020 한－EU 발달장애 아티스트 한국특별전'이 성황리에 개최된 바 있다.

이렇듯 창의성과 예술성을 타고난 장애인들을 우리 사회가 어떻게 바라보느냐에 따라 그 기량을 발휘할 기회가 달라진다.

예술은 작가의 내면에 존재하는 많은 것들을 밖으로 표출해내는 것이다. 그리고 표현되는 그 예술은 장애인과 비장애인의 기준이 아닌 작가로써 우리 곁에 남아야 하는 것이 아닐까.

그들의 예술작품은 새로운 창작물에 대해 끊임없는 갈증을 느끼는 우리들에게 선사해주는 아름다운 선물이기 때문이다. 배려와 관심의 대상 장애인이 아닌 우리 국민, 더 나가 세계인들에게 아름다움 감흥을 느끼게 해 준 예술가로써의

대접(?)이 진정 예술가를 바라보는 올바른 시선이 아닐까.

제2, 3의 천재예술가 송율궁 씨가 사회적 관심과 정책 밖에서 쓸쓸히 외면 받는 사회가 다시는 반복되지 않도록 예술가에 대한 지원 및 처우 등에 관한 깊이 있는 논의와 해결책을 기대해 본다.

칼럼

"아직도 이런 질문" 좋은 인재 투자는 관심 밖인가?
한국투자증권 신입사원 채용 체크리스트 '시대착오'…"우리 책임 아니다" 발뺌

[프라임경제] △지금까지 총 연예 경험은?(인권침해) △가까운 친구의 성적은 어느 정도?(인권침해) △중고 시절 과외 경험은 일주일에 몇 시간?(경제적 차별) △언제부터 술을 마셨는지?(인권침해) △지인 중 증권 분야에서 일하는 있는 사람은 몇 명인가?(네트워크 불평등) △자신의 생일을 축하해주는 친구는 몇 명(인권침해) 등 시대의 흐름과 동떨어진 상식 이하의 이 질문은 과연 어디에서 나왔을까?

이 시대착오적인 질문은 우리나라 기업들을 평가하여 기업의 가치를 거침없이 제시하는 한국투자증권의 신입사원 채용 과정에서 체크해야 하는 체크리스트다.

한국투자증권 관계자는 외부에 의뢰한 성향테스트이고, 다른 대기업에서도 도입한 방식이며, 외부기관이므로 기업에서 개입할 여지가 없다고 했다. 그래서 책임이 없다고 언급한 것 같다.

그러나 이런 식의 인권침해적인 구시대적 질문이 아니래도 성향을 테스트할 수 있는 방식은 너무도 많고 다양하다. 그리고 다른 대기업들은 그런 의미 있는 성향테스트를 하고 있으며, 외부기관이기 때문에 개입의 여지가 없다는 것은 더 놀라운 언급이었다.

외부기관이기 때문에 질문의 내용들을 더 확인했어야 하지 않을까? 자신의 회사에 지원하는 취업준비생들에게 상처가 될 수 있는 차별, 불평등, 부재한 인권의식이 드러나 있는 질문이 있는지 없는지 확인하는 것은 너무도 당연한 일이다. 아마도 관련 질문을 회사 관계자들이 먼저 보고 확인했더라면 이런 식의 차별적이고 비인간적인 질문에 취업준비생들이 상처 받으며 체크하는 일은 없었을 것이다.

거짓을 말하면 입사가 취소될 수 있다고 체크리스트 안에서 안내하면서도 면접과정에는 반영되지 않는다는 이런 앞뒤가 맞지 않는 대답을 하는 기업을 취업준비생들은 신뢰할 수 있을까? 아니 일반 시민들도 신뢰하긴 어렵다. 더구나 이렇게 차별적인 요소까지 담긴 체크리스트라면 부모들은 더 신뢰하지 못할 것이다.

한국의 청년실업률은 OECD 국가 중 세 번째로 높다. 경제활동인구가 감소했는데도 청년실업자가 늘어난 나라는 한국, 그리스, 이탈리아 3개국뿐이다. 이렇듯 현재 대한민국의 청년들은 취업난에 힘들어 하고 있고, 기업은 그런 청년들을 위해 최대한 공정한 채용방식을 찾기 위해 노력하고 있다.

공정한 채용은 기회에 대한 기대감과 채용이 되지 않았을 때 받게 될 상실감도 최소화시킬 수 있기 때문에 가장 중요하다. 그런데 한국투자증권은 차별과 불평등, 인권침해 사항을 담은 체크리스트를 신입사원 채용 평가 자료로 사용하고 있다. 기업은 경제적 성장과 더불어 인간존엄을 실천했을 때 비로소 좋은 기업으로 평가받는다.

우리는 유한양행을 좋은 기업이라고 평가한다. 수 십 년 동안 우리나라를 대표하는 좋은 기업으로 평가 받아 온 유한양행은 리더십부터가 달랐다. 기업의 이윤을 사회에 환원해야 한다고 실천하고 있는 기업정신도 훌륭하지만 기업을 함께 이끌어가는 직원들에 대한 태도도 남달랐다. 15년 전쯤 좋은 기업으로 선정된 유한양행을 방문한 적이 있었다.

이직률이 국내 기업 중 최저였고, 장기 근속자가 가장 많은 기업이었다. 당시에는 2020년 지금보다도 더 '양육'이라는 개념이 여성에 한정됐었다. 그러나 유한양행은 부부직원들이 많았고 양육을 위해 부부간 교체근무가 가능하도록 하여 자녀 양육에 대해 남녀 구분 없이 참여할 수 있도록 최대한 배려하고 있었다. 비단 이 사례가 아니더라도 직원들을 위한 기업의 노력은 다양했다.

직원이 기업의 미래 가치라는 것을 알고 있었던 '훌륭한 리더십' 덕분에 시대를 앞서가는 기업이 된 것이다.

취업포털 잡코리아가 기업 채용 담당자를 대상으로 실시한 설문에서 '신입사원 채용시 가장 중요하게 고려하는 사항'에 대해 2위 '전공분야나 전문지식'(32.5%)

보다 무려 16.1%나 높게 '인성 및 됨됨이'(48.6%)를 가장 중요하게 평가한다고
답했다.

인성과 됨됨이는 신입사원에게만 해당되는 것일까?

한국투자증권은 인성과 됨됨이를 갖춘 실력 있는 신입사원을 맞은 준비가 되
어 있는 것일까?

기업이 좋은 인재를 선택 할 수 있다면, 능력 있고 인성 좋은 경력자는 더 나
은 기업을 선택 할 수 있다. '기업이 좋은 인재를 선택하는 시대'에서 '인재가 좋
은 기업을 선택하는 시대'로 바뀌어 가고 있다는 사실을 우리 기업들은 잊지 말
아야 할 것이다.

아동학대의 시작은 '부모 중심 사고방식'

[프라임경제] 보건복지부의 '학대 피해 아동 보호 현황' 자료를 보면 매년 아동학대 건수는 △2014년 1만27건 △2015년 1만1,715건 △2017년 2만2,367건 △2018년 2만4,604건 △2019년 3만45건으로 증가하고 있다.

법무부는 2020년10월13일 민법 일부 개정안이 국무회의를 통과했고 국회에 제출될 예정이라고 언급했다. 법 개정의 주 내용을 보면, 민법 제915조 징계권 조항을 삭제했고 친권자가 법원의 허가를 받아 감화나 교정기관에 아동을 위탁할 수 있다는 부분도 없앴다.

그런데 법 개정안이 무색하게 또 다시 16개월 입양아가 양부모에 의해 사망하는 사건이 일어났다. 첫째 딸을 키우고 있던 이 양부모의 입양 이유는 자신들의 친딸의 동생을 만들어주기 위해서라고 했다. 결국 학대는 양부모의 가족들 사이에서 적응하지 못하고 밥을 먹지 않는다거나 울음을 그치지 않는 입양아의 불편한(?) 행동 때문에 학대가 유발됐다는 것이다. 양부모에게는 왜 아이가 밥을 잘 먹지 못하는지, 왜 자꾸 우는 것인지는 중요하지 않았다.

부모들의 학대는 아동의 행동과 말이 부모가 원하지 않는 범위에 놓여 있을 때 주로 가해진다. 즉 '부모가 시키는 대로 하지 않는 것'은 부모를 분노케 하는 것이고, 우리 사회는 이런 부모들에게 무한정 권한을 제공해 주었다. 그리고 교화 목적의 체벌의 정당성까지 부여한 결과 아동학대 발생률이 OECD 국가 중 두 번째가 됐다.

이런 현실을 볼 때 지금이라도 법 개정을 통한 사회변화를 유도한 것은 다행스러운 일이기도 하다.

유엔아동권리협약 '제19조 학대로부터의 보호' 부모나 보호자가 아동에게 정신적 · 신체적 폭력을 가하거나 아동을 학대, 방치, 착취하고 유기하는 일이 없도록 정부는 모든 조치를 취해야 한다.

'체벌금지법' 외 또 다른 문제는 아동복지법 제4조의 원가정보호원칙이다.

2019년 아동보호전문기관의 집계에 의하면 아동학대 가해자의 82.1%가 친부모이며 학대발생장소의 86.1%가 '집 안'으로 나타났다. 그리고 경찰 조사를 받은 아이들 중 82%는 다시 학대 받았던 집으로 돌아갔다. 아동복지법 제4조의 원가정보호원칙 때문이다.

'원가정보호원칙'에 의해 학대피해 아동들은 원가정으로 복귀하게 되고 있지만 이후 사후 관리 미흡이 결국은 더 강한 아동학대에서 사망으로 연결되는 사례를 매년 접하고 있다. 작년 여주시에서 발생한 찬물이 담긴 욕조에 한 시간 동안 담겨 있다 사망한 9세 아동, 자택에서 손발이 묶인 채 의붓아버지에게 폭행당해 사망한 7세 아동 등등 모두 아동보호기관에 있다 다시 원가정복귀를 한 아이들이다.

그리고 올해 발생한 창령의 피해 아동 역시 가정위탁보호를 받다 부모에게로 복귀했다.

'원가정'으로 학대 아동이 되돌아 갈 때 가해자인 부모에게 아동보호전문기관의 관리를 계속 받는다는 조건으로 아동과 함께 귀가 조치한다. 그러나 귀가 후 전문기관의 사후관리를 거부한다고 해도 현재 아동복지법으로는 제재할 수 없다. 또한 피해 아동이 학대받고 있다고 신고를 받고 가정을 방문한다고 해도 부모가 학대아동을 보여주지 않으면 전문기관은 어떤 조치도 취할 수 없다. 아동복지법의 한계인 것이다.

현재 상태로는 '원가정복귀'에 대한 판단을 정확히 할 수 있도록 담당자의 전문성을 강화해야 하고, 원가정복귀 결정의 심의체계구성원 역시 숙련되고 적극적으로 참여하는 전문가들로 구성되어져야 한다. 그러나 더 나아가서는 아동학대 방지를 위해 아동복지법상 집행기관의 권한을 강화하고 피해아동에 대한 보호조치를 적극적으로 취할 수 있는 방안이 강구되어야 할 것으로 보인다.

이제 우리 사회는 부모 중심의 양육이 아닌 아동 중심의 양육이 이루어져야 함을 반성하고 실천해야 한다.

　유엔 아동권리협약은 △비차별 △아동 이익 최우선 △생존·발달권 △아동 의견 존중 등 4대 기본 원칙에 따라 아동의 △생존 △보호 △발달 △참여 등 권리를 규정한 국제 인권 협약이다.

칼 럼
성범죄자 아닌 의료인에게 안전하게 진료 받을 권리

[프라임경제] '철옹성'으로 표현되는 의료인들의 의사면허. 경찰청 자료에 따르면, 성범죄자 의료인은 2014년 83명에서 매년 증가하며 2018년 한해만 163명으로 5년 동안 2배가 늘었다. △강간·강제추행 539명(88.2%) △카메라 등을 이용한 촬영 57명(9%) △통신매체를 통한 음란행위 14명(2.3%) △성적 목적 공공장소 침입 1명(0.2%) 등으로 나타났다.

의료인에 의한 성범죄 사례들을 보면 △간호사 탈의실에 몰래카메라 설치 △전신마취 등 약물로 인해 항거불능인 상태에 놓인 환자 성폭행 △길거리에서 수백 명의 여성들의 치마 밑을 불법촬영 △길거리 만취여성 성폭행 △여자친구 폭행 및 성폭행 △동료여의사 성희롱 및 성폭행 등 다양하다.

성범죄자들은 형이 확정되면 일정기간 아동·청소년 관련기관 등을 운영하거나 관련 기관에 취업을 할 수 없으나 그 기간은 한정적이다. 그러나 더 큰 문제는 면허 재교부율이 2009년부터 2019년 10년 동안 109명 중 106명으로 97.3%에 달하는 것이다.

성범죄의사의 수는 늘어나는데 면허 재교부율을 97.3%는 무엇을 의미하는 것일까? 성폭력 범죄자는 의사 면허 취소에 해당하지 않는다. 즉 성범죄의사들은 다시 의료행위를 할 수 있다.

현재 성폭력처벌법 제25조에 의거하면 성범죄자는 취업제한되는 의료기관(의료인에 한정)에 갈 수 없다. 그런데 성범죄 의료인들은 의료기관을 벗어나지 않았다. 성추행혐의로 처벌을 받고 대학병원에서 파면을 당한 성범죄자가 병원을 개원하거나 개인병원으로 옮기는 것은 흔한 일이다.

성범죄의사가 성폭력 사건 해결을 위한 자문을 하는 어처구니없는 사례도 있다. 수면내시경 치료 환자를 성폭행했던 의사는 여전히 병원을 운영 중이고 2011년 동기 여학생을 성추행해서 구속된 의대생 3명은 의사 국가고시를 준비, 'N번방사건'과 관련하여 소아과 전공의가 자신은 소아성애자라라고 소개해 충격을 주기도 했다.

또한 정신과의사가 환자들 상대 그루밍 성폭력 의혹이 강하게 제기 되었고 여성의사 3명 중 1명이 성폭력·성희롱을 경험하였다는 것은 의료계 내외로 성폭력에 관대한 의료계의 민낯을 그대로 보여준다. 이렇게 성범죄의사들이 잘못에 대한 인지력이 떨어지는 것은 의료법 제65조 때문이다.

아동성폭력가해자가 소아청소년과 의사로, 여성의 특정 부위를 불법촬영한 의사가 산부인과 의사로, 정신마취 등 약물에 의한 항거 불능 여성을 성폭행한 의사가 수술실로 들어선다면 과연 어떤 일이 일어날까?

성폭력처벌법 제25조에 의거해 성폭력범죄의 피의자에 해당하는 경우에는 직종을 가리지 않고 법령상요건에 해당하면 얼굴 등 신상에 관한 정보를 공개 할 수 있지만 직업이 포함되어 있지 않아서 성범죄의료인을 확인할 수는 없다.

성범죄는 범죄의 유형 중에 재범률이 가장 높다. 범죄가 본능에 의해 이루어지기 때문이다. 또한 암수범죄(암수범죄란 해당범죄가 실제로 발생하였지만 수사기관에서 인지되지 않거나 인지되더라도 용의자 신원 미파악 등 해결되지 않아 공식적 범죄통계에 집계되지 않는 범죄. 주로 성범죄와 같이 피해자가 수사기관에 신고하기를 거리거나 마약범죄와 같은 범죄자가 피해자이거나 가해자이기도 한 범죄에 많다)이므로 법적으로 초범일 뿐 실제는 다를 수 있다.

간호사 탈의실 몰래카메라 의사나 수백명 여성의 치마 밑을 불법촬영한 의사의 경우 매 촬영마다 피해자가 인지하고 신고했다면 그 성범죄자는 초범이 아닌 성범죄 전과자로 전락했을 것이고 약물에 의한 항거불능의 경우에도 이전 피해자가 성폭행 상황 자체를 인지하지 못하였을 경우도 배제할 수 없다. 이런 상황인데도 불구하고 성범죄의료인에 대해 관대 할 것인가?

의료인의 성범죄를 더 엄격하게 다뤄야 하는 이유는 인간의 인체를 보고 만지며 의료 행위를 해야 하므로 어떤 직종보다 엄격한 윤리적 기준이 적용되어야 한다. 물론 대다수의 의료인들은 그런 불법적이고 비도덕적인 행위를 생각해 본 적도 없을 것을 것이다. 도리어 환자의 치료를 위해 수 시간의 힘든 수술에도 의사로서의 사명을 다하고 있는 것은 국민 모두가 알고 있다.

조직이 느슨하면 그에 따른 병폐가 나타나고, 범죄를 저질러도 큰 처벌이 가해지지 않는다면 범죄행위는 더 쉬어지는 법이다.

의료단체는 매년 증가하는 성범죄 의사가 아닌 성폭력 피해자를 막기 위해 과감한 결단을 취해야 하지 않을까.

성범죄자가 아닌 의료인에게 진료 받을 환자의 권리가 의료인들에 의해 지켜지길 바란다.

빅데이터와 젠더

'아동 성폭행범' 조두순 출소, 이 사회는 불안하다

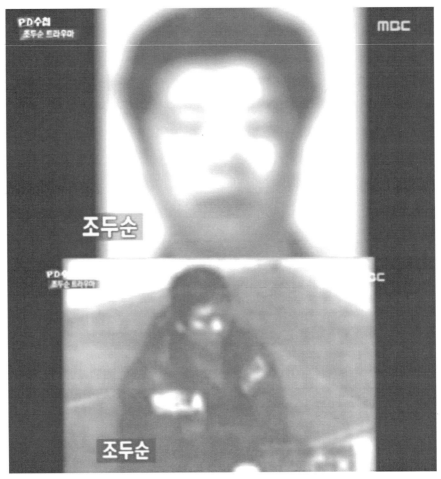

오는 12월 만기 출소하는 조두순의 모습. ⓒ뉴시스

우리는 2008년 8살 여아의 끔찍한 사건을 접하게 된다. 일명 '조두순 성폭력

사건'. '조두순 성폭력사건'의 파장으로 성범죄자에 대한 전자발찌 부착기간을 30년으로 확대되었고, 성범죄자 신상공개를 하게 되었다. 또한 13세 미만에 대한 공소시효도 폐지시키는 등 미성년자 성폭력 사건에 대한 법적인 변화가 이루어졌다. 그러나 여전히 우리는 불안하다.

초등학생에게 영구적인 장애를 입히고서도 주취경감을 통해 12년을 선고 받은 조두순이 드디어 2020년12월13일에 만기 출소하게 되었다. 이에 '조두순'에 대한 빅데이터를 분석했다.

검색 기간은 2019년 9월23일－2020년9월22일, 비교 기간은 2018년9월22일－2019년9월22일 키워드는 '조두순'이다. 정보량은 뉴스를 포함한 커뮤니티 등 12개 채널을 살펴봤다. 평균 5,000여 건이던 조두순의 정보량이, 2019년4월29일 MBC시사 교양프로그램 '실화탐사대'을 통해 조두순의 얼굴이 공개되면서 만 건이 넘게 정보량이 증가했다. 이후 증감이 교차하며 꾸준한 정보량을 유지하던 조두순 정보량은 조두순의 출소에 대한 방송이 본격화되면서 2020년9월 1만 7,800여 건으로 급속히 증가하였다.

조두순에 대한 정보량 비율은 뉴스 22.08%, 커뮤니티 31.15%, 블로그 10.26%, 카페 7.93%, 트위터 21.67%, 인스타그램 0.39%, 유튜브 0.45%, 페이스북 1.57%, 카카오스토리 0.01%, 지식인 2.99%, 기업/단체 0.77%, 정부/공공 0.73%로 나타났다. 중요한 것은 사건 사고의 경우 뉴스의정보량이 현저히 높은 반면 조두순은 뉴스보다도 커뮤니티와 트위터가 높은 정보량을 보이고 있다. 이것은 단순한 뉴스가 아닌 국민들의 관심영역이라는 반증으로 분석된다.

조두순의 연관키워드를 2020년8월24일－2020년9월1일 비교 기간은 2020년8월15일－2020년8월23일로 설정해 보니 지난달에는 순위에도 없었던 '영구격리', '종신형', '특례법', '불안' 등의 키워드가 이번 달에 새롭게 올라왔다. 조두순의 출소가 얼마 남지 않은 불안감과 피해자의 어려움이 뉴스로 부각되면서 국민들의 관심이 집중되는 것으로 분석된다.

그리고 새로운 키워드 하나는 '전자장치'의 등장이다. 법적 구속이 어렵다면 차선책에 대한 구체적 대안마련을 요구하는 것으로 보여진다. 이와 연관하여 비교 기간에 비해 가장 높게 650까지 증가한 키워드는 '가중처벌'이었고, 600 이상 증가한 키워드는 더불어민주당, 선고, 의원 등으로 법적 조치와 대책 마련에 대한 국민들의 요구가 표현된 것으로 분석되며, 511 증가는 법원, 사망하다, 400 이상 증가는 범죄를 저지르다, 국민, 미성년자, 개선되다 등이 확인 되었다.

우리가 간과하면 안 될 것이 있다. 조두순에 모여 있는 시선을 넓혀야 한다. 경찰청 자료에 따르면 최근 4년간 13세 미만 아동 대상 성폭력범죄 건수가 2016년부터 매년 1,083건, 1,261건, 1,277건, 1,374건으로 증가하고 있다. 재범률 또한 매년 증가하고 있다 즉 제2, 3의 조두순이 우리 사회에 너무 많다는 것. 성범죄자에 대한 강력한 법 체계와 피해자 보호를 위한 보다 구체적이 대책 마련이 시급해 보인다.

빅데이터와 젠더

코로나19로 확인된 여성의 돌봄 노동 가치

초등학교 1학년 어린이가 엄마, 동생과 함께 EBS 수업을 보고 있다. ⓒ홍수형 기자

코로나19로 인한 고강도 사회적 거리두기로 인해 여성들의 자녀양육과 돌봄 노동이 우려를 넘어서는 단계에 놓여 있다.

양육과 돌봄 노동에 대해 어떤 내용들이 언급되고 있는지 살펴보고자 '코로나19로 인한 돌봄 노동과 자녀양육'이라는 주제로 빅데이터를 실시해 보았다. 이번 빅데이터는 정보량과 연관검색보다 더 깊이 있는 내용을 살펴보기 위해 키워드 원문에 포인트를 맞췄다.

키워드 원문 보기는 키워드를 입력하고 키워드로 생성 된 연관검색어들을 차례로 찾아 낸 다음 관련성이 높아 보이는 키워드에 들어가 원문을 보는 것이다.

키워드 검색기간은 2020년 1월 20일부터 2020년 9월 5일까지이고, 비교기간은 2019년 5월 31일부터 2020년 1월 19일까지로 입력했다. 비교 기간에 새롭게 등장한 연관검색어 1위는 자녀, 가정, 부모, 우울하다, 가족, 확산, 제공, 아이, 실시, 어렵다, 부담스럽다, 학교, 도움, 장기화, 바이러스, 유치원, 어린이집, 참여, 코로나바이러스가 20위순으로 나타났다. 그 외에 힘들다, 상담, 정부, 보육, 정책, 맞벌이, 직장, 스트레스 등이 눈에 띄었다.

채널 별 정보량은 뉴스가 가장 많았고, 다음으로 블로그, 카페, 정부기관 순이었으며, 개인 SNS의 경우는 저조한 정보량이었다. 일반적으로 주제에 따라 다르긴 하지만 개인 SNS에서 많은 의견들을 제시했던 코로나19 전 상황과 달리 현저히 정보량이 줄어들었다.

관련 연관검색어들의 원문을 살펴본 결과, 정부나 기관 원문은 코로나19로 인한 다양한 돌봄 서비스나 관련 정부 정책 또는 지자체 정책들을 알리는 내용이었던 반면, 블로그나 카페에 언급 된 내용들은 다양했다. 정부 정책에 대한 목소리로는 코로나19에 대한 지자체의 긴급 돌봄의 실효성, 재택근무에도 추가 되는 돌봄 노동의 현실, 민간서비스에 위탁했던 돌봄과 양육이 불가능해진 현재, 코로나19 관련 자녀 돌봄 근로시간 정책 효율성, 지자체의 집콕 아이들을 위한 장난감 대여정책의 효과, 정부의 가족 돌봄 휴가 확대 요구, 남성 돌봄 참여의 의무화와 확대, 돌봄 노동의 공공서비스화 제안 등이었다.

그 외 다양한 목소리로는 돌봄 서비스직 여성들의 위기, 여성은 저임금과 불안정한 노동의 주인공 그리고 돌봄의 주체, 해고와 돌봄 사이의 여성들, 재난 위기와 돌봄 속 여성, 생계와 양육을 동시에 책임지는 한부모 가정의 위기, 위탁 돌봄 노동자들의 90% 이상이 여성인 현실, 저임금과 실직에 위태로운 여성들의 돌봄, 어린이집에 갈 수 없는 아이들의 할머니(조부모) 돌봄, 아동폭력증가 우려, 위기 가족, 등이 주요한 내용이었다. 그러나 무엇보다 많은 내용은 코로나19로 인해 늘어난 돌봄 노동의 중심인 '여성들의 돌봄 노동의 지속에 의한 우울감과 불안감'에 대한 내용들이었다.

현재 우리 사회는 변화하고 있지만 여전히 돌봄 노동의 주체를 여성으로 지명하고 있다. 문득 2000년 초반 여성들의 가사노동의 가치에 대한 인정이 떠오른다. 물론 만족할 수준은 아니었지만 사회의 변화를 기대 할 수 있었던 일이었다. 그리고 2020년 이제 다시 논의가 필요해 보인다. 늦었지만 여성들의 돌봄 노동의 가치에 대한 사회적 논의와 합의가 시작되어야 한다.

빅데이터와 젠더

디지털성범죄 '몸캠피싱' 증가… 코로나19의 역습
코로나 1차 확산 시기 3~5월 SNS · 유튜브 등 빅데이터 분석
'몸캠' 키워드 정보량 코로나 전보다 최대 4배 증가

코로나19가 2차 재유행에 들어서면서 사회적 거리두기가 다시 강화됐다. 이로 인해 코로나 1차 유행 때처럼 강력범죄는 감소할 것으로 보인다. 그러나 가정폭력과 디지털성범죄 또한 증가할 것으로 예상돼 우려감이 커진다. 코로나19가 처음 유행할 당시 우리나라뿐만 아니라 전 세계적으로 강력범죄는 감소한 반면, 가정폭력과 디지털성범죄는 증가했다. 그러나 10대 청소년들이 주 타깃인 디지털성범죄의 증가는 코로나19의 재확산 우려만큼 심각하다. 특히 디지털성범죄 중 몸캠피싱은 영상채팅으로 피해자의 신체 일부를 확보하여 금품 갈취나 성착취 불법영상제작 요구로 이어지기 때문에 그 피해의 우려감이 크다. 경찰청 2019

년 사이버위협 분석보고서에 따르면 몸캠피싱 범죄가 2015년 102건, 2016년 1,193건, 2019년 1,824건으로 지속적으로 증가하고 있다고 발표했다.

이에 디지털성범죄의 시작인 '몸캠'에 대한 상황을 파악하기 위해 빅데이터로 분석했다. 검색 채널에서 뉴스는 대상에서 제외하고 커뮤니티, 블로그, 카페, 유튜브, 개인 사회관계망서비스(SNS) 등을 대상으로 했다. 몸캠 관련 검색 기간은 코로나 1차 확산 시기인 2020년 3월 1일부터 5월 31일까지이고, 비교 기간은 2019년 11월 30일부터 2020년 2월 29일까지로 정했다. 키워드는 랜덤채팅, 몸캠으로 설정했다.

분석 결과, 랜덤채팅은 2019년 11월 43건, 12월 1748건, 2020년 1월 2,222건, 2월 1,882건, 3월 2,328건, 4월 2,287건, 5월 2,510건으로 나타났다. 몸캠의 경우 2019년 11월 124건, 12월 2,944건, 2020년 1월 2,410건, 2월 2,162건, 3월 5,144건, 4월 6,721건, 5월 8,993건으로 나타났다.

랜덤채팅의 경우 코로나 전후에도 큰 변화를 보이지 않는 반면 몸캠은 2~4배 이상 큰 폭으로 증가하고 있었다. 코로나가 심각해질수록 '몸캠 정보량'은 증가했다. 그리고 100 이상 정보량이 증가한 연관검색어 1위는 구매(251 증가)였다. 20위 안에 있는 주요 연관검색어 중 우려감이 높은 연관어는 청소년(214 증가), 판매(202 증가), 지역(172 증가), 성매매(163 증가), 공개(154 증가), 이동(133 증가), 미성년자(130 증가), 사회(125 증가), 인증(116 증가), 아이(108 증가), 거짓말(101 증가), 학교(104 증가)로 분석됐다.

문제는 청소년, 미성년자, 아이라는 연관검색어가 큰 폭으로 증가했고, 구매, 판매, 성매매 역시 크게 증가했다는 것이다. 새롭게 올라온 연관검색어 역시 N번방, 강간, 텔레그램, 제작, 디지털, 방송, 성착취, 징역, 검찰, 정부, 클럽, 교환, 네이버, 기소, 모바일, 살해, 연령, 조건만남, 선고, 여가부, 음란물, 미국, 비밀, 범죄 저지르다, 위반하다, 규제, 불특정다수, 보도, 화상, 아저씨, 실종, 거래 등으로 범죄와의 연관성이 있는 검색어가 새롭게 등장했다.

디지털성범죄에 청소년들이 노출되지 않도록 하기 위해서는 교육기관과 경찰청에서 방안을 강구해야 할 것으로 보인다.

이재갑 고용노동부 장관이 20일 오전 정부세종청사에서 한국판 뉴딜 종합계획의 세부 추진전략 중 하나인 '안전망 강화'계획을 발표하고 있다.

코로나19로 인한 비대면 확산과 디지털 전환의 가속화는 한동안 멈춰진 우리 사회를 대전환의 계기로 만들었다. 문재인 정부는 한국판 뉴딜에 5년간 160조를 투입해 사회안전망을 강화하고 불평등을 줄이는 계기로 삼겠다고 했다. 디지털 뉴딜정책의 경우 민간주도의 협의체 '인공지능(AI)과 빅데이터 얼라이언스'가 발촉 되었다. 참여기업이 보유하고 있는 다양한 형태의 데이터를 공개하고 공공데이터와의 융·복합을 추진 할 계획이라고도 한다. 또한 플랫폼 간 거래를 활성화하여 데이터 전(全)주기의 생태계를 강화해 나갈 것이라고 한다.

이렇게 정부가 디지털 뉴딜 정책에 강한 의지와 추진력을 동원할 때 여성계는 보다 빠르게 '디지털 뉴딜정책'에 대해 파악하고 움직여야 한다. 현 정책은 여성들의 삶을 변화시킬 중요한 계기가 될 것이기 때문이다.

현재 우리 사회는 정부와 민간, 부처와 부처, 민간과 민간의 정보 즉 관련 데이터를 공유하지 않고 있다. 그러나 앞으로는 단절돼 있는 데이터 정보를 플랫폼을 통해 데이터 거래를 공식화하고 개방한다는 것이다. 그리고 모든 분야의 데이터를 크로스하여 분석하고 활용하는 것이 가능해진다. 이런 정책적 변화는 우리 사회의 경제적 구조 변화만이 아니라 사회적 구조 역시 변화시킬 것으로 예상하고 있다. 그리고 무엇보다 정책에 대한 국민들의 의견을 빠르게 파악할 수 있고 그에 따른 수정과 보완 역시 빠르게 정리해 낼 수 있을 것이다.

다른 어떤 정책보다 젠더 정책은 다른 부처와 민간의 데이터 공유가 중요하다. 젠더 이슈들은 단순한 여성 문제가 아니라 사회문제이기 때문이다. 예를 들어, 여성가족부가 경력단절 여성의 재취업 관련 정책에 대한 효과적인 자료가 필요하다면 빅데이터 분석을 통해 정책의 방향성을 확보할 수 있게 된다. 또한 경력단절여성들의 단절 사유인 '자녀 양육'에 대한 고민을 더 확대해 관련 부처인 교육부와 보건복지부, 그리고 민간 기업들이 경력단절 여성의 재취업 관련 빅데이터 분석을 해낼 수 있게 된다. 즉, 공공과 민간이 각각의 영역에서 빅데이터 분석을 해내고 서로 관련 데이터를 공유하여 현실적인 정책제안이 가능해지는 것이다. 그리고 현 정책에 대한 다양한 분석과 방향성을 찾는데 중요한 자료가 될 것이다.

또한 경력단절여성의 재취업 관련 정책이 '디지털 뉴딜정책'으로 인해 여성들에게 새로운 방향을 제시 할 것으로 보여진다. 현재 디지털 정책의 한 축은 비대면화 확산과 디지털 전환 가속화를 위한 관련 산업 육성이다. 따라서 비대면 인프라를 구축하고 비대면 대응을 위해 필요한 역량과 인프라 지원을 강화해 나갈 것이다. 때문에 비대면과 디지털 전환은 재택근무 확대로 이어질 것으로 예상되어 경력단절여성들뿐만 아니라 예비 경력단절여성들에게도 새로운 기회가 될 것으로 보여진다. 이에 경력단절여성들의 재취업교육 프로그램도 정책에 맞도록 새롭게 개발되어야 한다. 그렇게 된다면 경력단절여성들의 재취업 기회를 넓힐 수 있어 관련 정책의 성과도 기대할 수 있게 될 것이다.

디지털 뉴딜 시대에 젠더 정책의 방향성을 갖기 위해서는 젠더 정책에 대한 다양한 시도와 분석, 젠더 정책에 대한 평가들이 과감하게 이루어져야 한다. 그리고 그 역할을 빅데이터가 해낼 것으로 기대한다.

빅데이터와 젠더

'N번방사건' 이후 12채널 분석 '아가씨' 단어가 핫키워드 1위로
키워드로 원문을 추적해보니 성매매 · 성착취 추정 게시물 나와
개인정보보호법 위반하지 않고도 성착취물 삭제와 접속 차단 가능

a 10-year-old virtual Filipina girl

네덜란드 아동인권단체 '인간의 대지(Terre des Hommes)'는 2013년 아동 대상 음란 화상채팅을 막기 위해 컴퓨터 그래픽 기술로 '스위티(sweetie)'라는 가상 인물을 만들어냈다. 10세 필리핀 소녀로 설정된 스위티가 화상채팅을 한 10주 간 70여개 국가에서 2만명이 넘는 남성이 말을 걸어왔다. ©Terre des Hommes 유튜브 영상 캡쳐

'N번방사건' 이후 우리 사회는 변화를 맞았다.

'디지털 불법성착취'라는 '사건'이 드디어 '사회적 담론'이 된 것이다. 법을 개정했고, 성인지감수성이 부족한 재판부도 바꿨다. 그리고 성착취 영상을 제작 배포한 가해자 외에 범죄 행위에 가담한 가해자들의 신상까지 공개하도록 만들었다. 큰 변화이다. 그러나 이런 사회적 변화에도 불구하고 또 다른 'N번방'은 여전

히 성업(?) 중이다. 빅데이터 시대에 독버섯처럼 생겨나는 또 다른 'N번방'을 예방할 수 있을까?

먼저 빅데이터의 의미부터 설명하자면, 인터넷에서 떠돌고 있는 모든 정보, 즉 뉴스부터 개인의 SNS까지 실시간으로 생성되는 데이터를 분석하는 기술을 말한다. 이 빅데이터 기술을 통해 '성착취물 유통'과 '성매매'의 정보 이동 경로를 확인해 보았다.

현재 우리나라에서 가장 많이 사용되고 있는 카카오톡이 다양하게 활용되고 있는 점에 착안해 '카카오톡'과 '카톡'이라는 키워드를 설정했다. 빅데이터 프로그램을 통해 12개 채널(뉴스, 블로그, 카페, 인스타그램, 페이스북, 카카오스토리, 지식인, 정부/공공, 기업/단체, 유튜브, 커뮤니티)을 대상으로 2020년2월18일부터 5월28일까지 총 190만4,357건을 분석했다.

그런데 지난 2019년11월부터 2020년1월까지 상위 300위에도 들지 않았던 '아가씨'라는 단어가 2월부터 4월까지 핫 키워드 1위로 올라 온 것이다. 정확한 분석을 위해 다시 N번방사건이 보도된 3월23일 기준으로 기간을 나눠 살펴보니 2월1~3월22일 사이 '아가씨'라는 연관어는 총 1만359건이었으나, 3월23~4월30일 사이 17만8521건으로 17배 이상 늘어난 것이 확인됐다. 실제 N번방이 보도된 24일 '아가씨' 키워드가 하루만에 1만107건, 그 다음날인 25일에는 1만408건으로 급증한 것이다. 이에 '아가씨', '조건만남' 단어를 선택해 원문까지 추적해 보았다. 예측대로 성매매나 성착취가 예상되는 사진과 문구를 확인할 수 있었다. 또한 불법성착취물 유통 사이트 역시 같은 방법으로 추적하니 찾아 낼 수 있었다. 이렇게 빅데이터는 키워드를 설정하여 연관 키워드를 추적하면 원하는 정보를 확인할 수 있다.

현재 'N번방법' 시행을 앞두고 인터넷업계에서는 대통령령으로 규정하고 있는 '기술적·관리적 조치 의무'가 인터넷 사업자의 사적 검열을 부추길 수 있다고 우려를 나타내고 있다. 하지만 빅데이터를 통해 파악한 결과, 성매매나 성착취물 그리고 불법성착취 영상이 유통되는 사이트까지 개인정보보호법을 위반하지 않고도 충분히 가능하다는 것을 확인했다. 즉 '불법촬영물에 대한 삭제와 접속 차단 등 유통방지 조치의무'가 빅데이터로 일정 부분 가능한 것이다.

2020년7월1일 12세 미성년자를 협박해 불법성착취 영상을 만든 공무원의 재판이 열렸다. 클라우드나 백업이 아직 이루어지진 않았지만 성착취물 유통 유무는 아직 확신할 수 없는 상황으로 보인다. N번방사건 이후 불법성착취 영상물 유통 거래가 늘었다는 뉴스도 떠오르고 있다. 미성년자의 인권을 자신들의 사익을 위해 유린하는 '그 놈'들의 불법성착취물 거래를 멈추게 하는 것, 그 책임은 우리 모두의 몫이다.

저자약력

강나경

성균관대학교 신문방송학과 박사(수료)
방송통신심의위원회 권익보호특별위원회 위원
방송통신위원회 보편적시청권보장위원회 위원
영상물등급위원회 광고물소위원회 위원
인터넷융합협회 상임이사
한국광고자율심의위원회 연구위원
한국소통학회 이사
신구대학 미디어컨텐츠과 강사
현 프라임경제 칼럼니스트
　　한국여성의정 전문위원
　　전주국제영화제 전문위원

디지털성범죄는 살아있지만 죽어있는 '살인' 이다

초판발행	2023년 11월 1일
지은이	강나경
펴낸이	노　현
편 집	김선민
기획/마케팅	허승훈
표지디자인	벤스토리
제 작	고철민 · 조영환
펴낸곳	㈜ 피와이메이트
	서울특별시 금천구 가산디지털2로 53 한라시그마밸리 210호(가산동)
	등록 2014. 2. 12. 제2018-000080호
전 화	02)733-6771
f a x	02)736-4818
e-mail	pys@pybook.co.kr
homepage	www.pybook.co.kr
ISBN	979-11-6519-474-1 93360

copyright©강나경, 2023, Printed in Korea

* 파본은 구입하신 곳에서 교환해 드립니다. 본서의 무단복제행위를 금합니다.

정 가　　14,000원

박영스토리는 박영사와 함께하는 브랜드입니다.